بیش از یک نجار

جملہ حقوق بحق ناشر محفوظ ہیں

بیش از یک نجار

جاش مَک‌داوِل

مترجم: آرپی مسروپی

سازمان آگاپه

کلیهٔ حقوق برای سازمان آگاپه محفوظ است

چاپ و انتشار: سازمان ایلام
انتشارات ایلام، ۲۰۱۱

شابک: ۹۷۸-۱-۹۰۶۲۵۶-۹۲-۰

More Than a Carpenter

Josh MacDowell

Translated into Persian by Arpi Masropi

This edition is published by arrangement with Josh MacDowell Ministry P.O. Box 131000, Dallas, TX 75313-1000 U.S.A. Translated by Life Agape Ministries from the original English language version. Responsibility of the accuracy of the translation rests solely with the Life Agape Ministries.

Persian Translation Copyright © 2011 LifeAgape International
All Rights Reserved

Life Agape Ministries B.B. 165
91133 Ris Orangis Cedex
France

Published by:
Elam Publications
P. O. Box 75, Godalming
Surrey, GU8 6YP
United Kingdom

publications@elam.com
www.kalameh.com/Shop

ISBN 978-1-906256-92-0

چـرا زمانی که در مورد خدا صحبت می‌کنیم هیچ‌کس عصبانی و ناراحت نمی‌شود ولی به محض اینکه نام عیسای مسـیح را به زبان می‌آوریم سـعی می‌کنند سخنان ما را قطع کنند؟ چرا این سـؤال که «عیسـای مسـیح کیسـت؟» باعث شقاق و جدایی افراد در طی قرون متمادی شده است؟

فهرست مطالب

مقدمه

حدود ۲۰۰۰ سال پیش، عیسای مسیح با تولد در خانواده‌ای یهودی پا به عرصهٔ وجود نهاد. او در کشوری کوچک و در خانواده‌ای تنگدست به دنیا آمد. او ۳۳ سال زندگی کرد، ولی فقط ۳ سال آخر زندگی‌اش را به خدمت و مأموریت روحانی خود پرداخت.

با وجود این، همهٔ افراد در تمام نقاط دنیا او را می‌شناسند و به یاد دارند. تاریخی که هر روز روی روزنامه‌ها مشاهده می‌کنیم و یا تاریخ نشری که روی کتب دانشگاهی ثبت می‌شود[1] بر این حقیقت صحه می‌گذارد که عیسای مسیح فردی بی‌نظیر است.

مورخ مشهور، "اچ. جی. ولز"،* در پاسخ به این سؤال که «چه کسی بیش از همه تاریخ بشریت را تحت تأثیر خود قرار داد؟» می‌گوید: «اگر ما عظمت و اهمیت شخصیت‌های مختلف را بر اساس معیارهای تاریخی بسنجیم، مطمئناً عیسای مسیح در صدر این ارزیابی قرار خواهد گرفت.»

مورخ دیگری به نام "کنت اسکات لاتورت"* می‌گوید: «این حقیقت که "عیسای مسیح بیش از هر فرد دیگری توانسته است تاریخ بشر را تحت تأثیر خود قرار دهد" طی قرون متمادی بارها به اثبات رسیده است و این تأثیر نه تنها مقطعی نبوده، بلکه تا به امروز نیز ادامه پیدا کرده و حتی افزایش نیز یافته است.»

"ارنست رنان"* چنین می‌گوید: «عیسای مسیح بزرگترین شخصیت مذهبی تاریخ بشری است. زیبایی او ابدی و سلطنتش بی‌پایان است. او از هر لحاظ بی‌نظیر است و هیچ‌کس را نمی‌توان با او مقایسه کرد. اگر مسیح را از تاریخ بشر حذف کنیم، آنگاه تاریخ نیز معنا و مفهوم خود را از دست خواهد داد.»

H. G. Wells; Kenneth Scott Latourette; Ernest Renan

---

۱. منظور تاریخ میلادی است که مبنای آن تولد عیسای مسیح می‌باشد. م.

فصل ۱

چرا عیسای مسیح بی‌نظیر است؟

اخیراً در شهر لوس‌آنجلس با عده‌ای گفتگو می‌کردم و این سؤال را خطاب به ایشان مطرح کردم که: «به نظر شما عیسای مسیح کیست؟» پاسخی که آنها به این سؤال دادند این بود: «او یک رهبر مذهبی بزرگ است.» اگرچه با آنها موافقم ولی معتقدم که مسیح بیش از یک رهبر مذهبی است.

این سؤال که «عیسای مسیح کیست؟» باعث شقاق و جدایی افراد در طی قرون متمادی شده است. چرا این فرد باعث به‌وجود آمدن اختلاف و جدایی شده است؟ چرا نام عیسای مسیح بیش از نام سایر رهبران مذهبی باعث رنجش و ناراحتی افراد می‌شود؟ چرا زمانی که در مورد خدا سخن می‌گوییم هیچ‌کس ناراحت نمی‌شود ولی به محض اینکه نام عیسای مسیح را به زبان می‌آوریم آنها سعی می‌کنند بلافاصله سخنان ما را قطع کنند، و یا حالت تدافعی به خود می‌گیرند؟ زمانی که در لندن بودم با یکی از رانندگان تاکسی در مورد مسیح سخن گفتم، ولی بلافاصله سخن مرا قطع کرد و گفت: «من دوست ندارم در مورد مسائل مذهبی، به خصوص عیسای مسیح، صحبت کنم.»

وجه تمایز عیسی با سایر رهبران مذهبی در چیست؟ چرا شنیدن نام بودا و کنفوسیوس باعث ناراحتی افراد نمی‌شود؟ به نظر می‌رسد علت آن این باشد که هیچ‌یک از این اشخاص ادعای الوهیت نکردند، ولی عیسای مسیح ادعا کرد که خداست. و همین امر مسیح را از سایر رهبران مذهبی متمایز می‌سازد.

دیری نپایید که افراد متوجه ادعاهای حیرت‌آور عیسی شدند. بدیهی بود که او با این ادعاها خود را بالاتر از نبی یا معلم روحانی می‌دانست.

او بــه وضــوح ادعای الوهیت کرد. او خــود را تنها راه تقرب به خدا و تنها راه نجات و تنها کسی می‌دانست که می‌تواند گناهان انسان‌ها را بیامرزد.

پذیرش این امر برای بسیاری از افراد دشوار می‌نماید. ولی آنچه حائز اهمیــت اســت پذیرش یا عــدم پذیرش ما نیســت، بلکه ادعایی اســت که عیسای مسیح در مورد خود می‌کند.

کتــب عهدجدیــد در این خصوص چه می‌گویند؟ مــا اغلب مطالبی را در مورد "الوهیت مسیح" می‌شنویم، و همهٔ آنها نشان از این حقیقت دارند که مسیح خداست.

"ای. اچ. اســترانگ"* در کتــاب خود تحت عنــوان *"الاهیات نظام‌مند"* خــدا را این چنین توصیــف می‌کند: «خدا روحی اســت نامحدود و کامل که همه چیز از او به وجود آمده، در او تداوم می‌یابد و به ســوی او نیز باز خواهد گشــت.»(۱) این تعریف مورد قبول تمــام ادیان معتقد به خدا مانند اســلام و یهودیت است. خداباوری تعلیم می‌دهد که خدا روحی شخصی اســت و تمــام جهان صنعت دســت اوســت. خــدا هم‌اکنون نیــز بر جهان حکمفرمایی می‌کند و آن را پا بر جا نگه می‌دارد. ولی خداباوری مسیحی جمله‌ای را نیز به این تعریــف می‌افزاید که: «عیسای ناصری خدای مجسم است.»

"عیســای مســیح" در واقع یک اســم و لقب اســت. نام Jesus[1] از کلمهٔ یونانی *Jeshua* یا Joshua مشــتق شــده، به معنای «یهوه نجات‌دهنده اســت». لقب Christ[2] از واژهٔ یونانی Messiah (که عبری آن *Mashiach* می‌باشد - دانیال ۲۶:۹) مشــتق شــده، که به معنای "مسح‌شده" اســت. این نام نشان می‌دهد که عیســای مســیح همان پادشــاه موعود و کاهنی اســت که در نبوت‌های عهدعتیق به او اشــاره شده است. ما با دانستن این حقیقت می‌توانیم درک درستی از عیسای مسیح و مسیحیت داشته باشیم.

عهدجدید آشکارا مسیح را خدا می‌خواند. اسامی‌ای که در عهدجدید در مــورد مســیح به کار برده شــده‌اند از جملهٔ اســامی‌ای هســتند که فقط می‌تــوان آنها را خطاب به خــدا به کار برد. به‌عنوان مثال می‌توان به تیطس

---

۱. عیسی؛ ۲. مسیح

۱۳:۲ اشاره کرد که می‌گوید: «در حینی که منتظر آن امید مبارک، یعنی ظهور پرجلال خدای عظیم و نجات‌دهندهٔ خویش عیسی مسیح هستیم.» (یوحنا ۱:۱؛ عبرانیان ۱:۸؛ رومیان ۵:۹؛ اول یوحنا ۵:۲۰-۲۱ را با یکدیگر مقایسه کنید.) عهدجدید خصوصیاتی را به مسیح نسبت می‌دهد که مختص خدا هستند، مانند قائم به ذات بودن (یوحنا ۱:۴؛ ۱۴:۶)، حضور مطلق (متی ۲۸:۲۰؛ ۱۸:۲۰)، علم مطلق (یوحنا ۴:۱۶؛ ۶:۶۴؛ متی ۱۷:۲۲-۲۷)، قدرت مطلق (مکاشفه۱:۸؛ لوقا ۴:۳۹-۵۵؛ ۷:۱۴-۱۵؛ متی ۸:۲۶-۲۷) و منشاء حیات ابدی بودن (اول یوحنا ۵:۱۱-۱۲ و ۲۰؛ یوحنا ۱:۴).

در مورد عیسای مسیح نیز پرستشی انجام شد که فقط شایستهٔ خدا است. عیسای مسیح در متی ۴:۱۰ می‌گوید :«زیرا نوشته شده است: «”خداوند، خدای خود را بپرست و تنها او را خدمت کن.“» عیسی مانند خدا مورد پرستش قرار گرفت (متی ۱۴:۳۳؛ ۲۸:۹) و حتی گاهی نیز حکم شده است که او را مانند خدا پرستش کنیم (یوحنا۵:۲۳ مقایسه شود با عبرانیان ۱:۶؛ مکاشفه ۵:۸-۱۴).

اکثر پیروان مسیح از یهودیان با ایمان بودند که به خدای واحد حقیقی اعتقاد داشتند. اگرچه آنها یکتاپرست بودند ولی عیسای مسیح را به‌عنوان خدای مجسم پذیرفتند.

پذیرش الوهیت مسیح، پرستش عیسای ناصری و خداوند خواندن او برای پولسی که به‌طور کامل با تعالیم یهودی آشنایی داشت، بسیار دشوار می‌نمود. ولی علی‌رغم این امر پولس مسیح خداوند را پذیرفت و او با گفتن این جمله که: «مراقب خود و تمامی گله‌ای که روح‌القدس شما را به نظارتِ بر آن برگماشته است باشید و کلیسای خدا را که آن را به خون خود خریده است، شبانی کنید..» (اعمال ۲۰:۲۸) برهٔ خدا [عیسای مسیح] را خدا خواند.

وقتی عیسی از پطرس پرسید «به نظر شما من که هستم؟» او اعتراف کرد که: «تویی مسیح، پسر خدای زنده!» (متی ۱۶:۱۶) و عیسی نیز با گفتن: «خوشا به حال تو، ای شَمعون، پسر یونا! زیرا این حقیقت را جسم و خون بر تو آشکار نکرد، بلکه پدر من که در آسمان است» (متی ۱۶:۱۷)،

پاسخ او را تأیید کرد و اعلام کرد که خدا این حقیقت را بر او مکشوف کرده است.

حتی مارتا، از پیروان عیسی، نیز اعتراف کرد که: «... من ایمان دارم که تویی مسیح پسر خدا...» (یوحنا۱۱:۲۷) حتی نتنائیل نیز که معتقد بود امکان ندارد چیز خوبی از ناصره بیرون آید نیز خطاب به عیسی گفت: «... تو پسر خدایی! تو پادشاه اسرائیلی!» (یوحنا ۱:۴۹)

استیفان نیز در هنگام سنگسار شدن گفت: «ای عیسای خداوند، روح مرا بپذیر» (اعمال ۷:۵۹). نویسندۀ رسالۀ عبرانیان نیز در مورد مسیح می‌نویسد: «تخت سلطنت تو، ای خدا، تا ابد پایدار خواهد ماند» (عبرانیان ۱:۸). هنگامی که یحیی تعمیددهنده مسیح را تعمید داد: «روح‌القدس به شکل جسمانی، همچون کبوتری بر او فرود آمد، و ندایی از آسمان در رسید که «تو پسر محبوب من هستی، و من از تو خشنودم.» (لوقا ۳:۲۲)

همچنین می‌توان به اعتراف توما که به قیام مسیح از مردگان شک داشت نیز اشاره کرد. طرز فکر او نیز احتمالاً همانند طرز فکر تحصیل‌کردگان امروزی بود. او گفت: «تا... انگشت خود را بر جای میخها نگذارم... ایمان نخواهم آورد.» من احساس توما را درک می‌کنم، چون نمی‌توان بدون گواه و مدرک قانع‌کننده باور کرد که فردی از میان مردگان برخاسته و ادعای الوهیت می‌کند. هشت روز پس از اینکه توما نظر خود را در حضور شاگردان دیگر اعلام کرد ناگاه عیسی آمد و در میان ایستاده، گفت: «سلام بر شما!» پس به توما گفت: «انگشت خود را اینجا بگذار و دستهایم را ببین، و دست خود را پیش آور و در سوراخ پهلویم بگذار و بی‌ایمان مباش، بلکه ایمان داشته باش.» توما به او گفت: «خداوند من، و ای خدای من!» عیسی گفت: «آیا چون مرا دیدی ایمان آوردی؟ خوشا به حال آنان که نادیده، ایمان آورند» (یوحنا ۲۰:۲۶-۲۹). مسیح اعتراف توما را مورد تقدیر قرار داد ولی او را به‌خاطر بی‌ایمانی‌اش سرزنش کرد.

ممکن است مخالفین الوهیت مسیح در بیان اعتراض خود بگویند: «تمام نقل‌قول‌های مذکور در مورد الوهیت مسیح مربوط به اطرافیان او

هسـتند و ما به هیچ وجه از خود عیسـی نقل قـول نکرده‌ایم.» انتقادی که اکثر مخالفین مطرح می‌کنند این است که ممکن است افرادی که در زمان مسیح می‌زیسته‌اند مانند بسیاری از ما دچار اشتباه و سوءتفاهم شده باشند. به عبارت دیگر ممکن است مسیح واقعاً ادعای خدایی نکرده باشد.

ولی شخصاً معتقدم که مسیح ادعای خدایی کرده است و در واقع این اعتقاد از عهدجدید نشـأت گرفته اسـت. اشارات متعددی وجود دارند و مفهوم آنها نیز کاملاً واضح و روشن است. تاجری که به منظور تحقیق در مورد الوهیت مسیح مبادرت به مطالعۀ دقیق کتاب‌مقدس کرده بود، پس از خاتمۀ مطالعاتش اظهار کرد: «اگر فردی پس از مطالعه کتاب‌مقدس نتیجه بگیرد که مسـیح ادعای خدایی نکرده اسـت مانند فردی است که زیر نور آفتاب بایستد و ادعا کند که خورشید را نمی‌بیند.»

در انجیـل یوحنا شـاهد درگیری عیسـی بـا برخی از یهودیان هسـتیم. عیسـی در روز شَـبّات مـرد افلیجـی را شـفا داده بـود و به او گفته بود تا بسـترش را بردارد و برود و همین امر باعث برانگیختنِ خشـم و اعتراض برخی از یهودیان شده بود. عیسی در پاسخ به اعتراض آنها گفت: «پدر من هنـوز کار می‌کند و مـن نیز کار می‌کنم. از همین‌رو، یهودیان بیش از پیش در صدد قتل او برآمدند، زیرا نه تنها شَبّات را می‌شکست، بلکه خدا را نیز پدر خود می‌خواند و خود را با خدا برابر می‌ساخت.» (یوحنا ۵:۱۶-۱۷)

حال ممکن است بگویید این جمله که: «پدر من تا کنون کار می‌کند و من نیز کار می‌کنم» به هیچ وجه نشـان‌دهندۀ الوهیت مسـیح نیست. وقتی مـا متنی را مطالعه می‌کنیم باید به زبـان، فرهنگ و به‌خصوص افرادی که در آن مطـرح شـده‌اند، توجه کنیم. در مورد آیات فـوق، فرهنگ مربوطه فرهنگ یهودی اسـت و افـرادی که در آن مطرح شـده‌اند رهبران مذهبی یهودند. حال ببینیم که آنها در حدود ۲۰۰۰ سال پیش، با توجه به فرهنگ خود، سخنان عیسی را چگونه استنباط کردند. «از همین‌رو، یهودیان بیش از پیش در صدد قتل او برآمدند، زیرا نه تنها شَـبّات را می‌شکسـت، بلکه خـدا را نیز پدر خود می‌خواند و خود را با خدا برابر می‌سـاخت» (یوحنا ۵:۱۷). چرا رهبران یهود چنین واکنش شدیدی را نشان دادند؟

چون عیسی نگفت «پدر ما» بلکه «پدر من» و سپس افزود «هنوز کار می‌کند.» عیسی با به کار بردن این دو عبارت و مقایسهٔ خود با پدرش در واقع خود را با خدا هم‌تراز ساخت و کارش را با کار خدا برابر دانست. یهودیان هرگز خطاب به خدا نمی‌گفتند: «پدر من» بلکه «پدر من که در آسمان هستی.» ولی عیسی از این قاعده پیروی نکرد. یهودیان با شنیدن عبارت "پدر من" از زبان مسیح نمی‌توانستند سخنان او را به‌گونه‌ای دیگر استنباط کنند. به‌علاوه، عیسی گفت که او نیز همزمان با خدا مشغول به کار است و بدین شکل به آنها نشان داد که پسر خداست. به دنبال این ادعای عیسی، نفرت و انزجار علمای یهود نسبت به او افزایش یافت و آنها در جستجوی بهانه‌ای بودند تا مسیح را متهم کرده و به قتل برسانند.

عیسی نه تنها ادعا کرد که با خدا، پدرش، هم‌تراز است، بلکه ادعا کرد که او و پدر یکی هستند. در هنگام عید تجدید در اورشلیم، عده‌ای از رهبران یهود از مسیح پرسیدند که: «آیا تو مسیح هستی؟» و عیسی در پاسخ به آنها گفت: «من و پدر یک هستیم» (یوحنا ۱۰:۳۰). «آنگاه بار دیگر یهودیان سنگ برداشتند تا سنگسارش کنند. عیسی به ایشان گفت: «کارهای نیکِ بسیار از جانب پدر خود به شما نمایانده‌ام. به‌سبب کدامین یک از آنها می‌خواهید سنگسارم کنید؟» پاسخ دادند: «به‌سبب کار نیک سنگسارت نمی‌کنیم، بلکه از آن‌رو که کفر می‌گویی، زیرا انسانی و خود را خدا می‌خوانی.» (یوحنا ۱۰:۳۱-۳۳)

ممکن است تعجب کنید که چرا آنها چنین واکنش تندی نسبت به این ادعای مسیح نشان دادند. با مطالعهٔ نسخهٔ یونانی عهدجدید علت این امر مشخص می‌شود. محقق و دانشمند یونانی "ای. تی. رابرتسون"* می‌نویسد: «واژه "یک" در زبان یونانی از لحاظ جنسیت نه تنها مذکر نیست، بلکه خنثی است و بر یکی بودن شخصیت یا هدف دلالت ندارد، بلکه به یکی بودنِ ذات و طبیعت اشاره می‌کند.» او می‌افزاید که به زبان آوردنِ این جمله نقطهٔ اوج ادعای مسیح در مورد رابطهٔ خود و پدرش می‌باشد. و همین امر باعث برافروخته شدن خشم غیر قابل کنترلی در فریسیان شد. (۲)

بدیهی است که افرادی که سخنان عیسی را شنیدند کاملاً متوجه شدند که عیسی ادعای الوهیت کرده است. "لئون موریس"* مدیر دانشکدهٔ "ریدلی"* در شهر "ملبورن"* می‌نویسد: «این امکان وجود داشت که یهودیان سخنان عیسی را کفر تلقی کرده و خودْ اقدام به مجازات او بکنند، چون در شریعت یهود مکتوب است که مجازات کفرگویی سنگسار شدن است (لاویان ۱۶:۲۴). ولی آنها نمی‌خواستند عیسای مسیح را مطابق با مراحل قانونی معمول مجازات کنند. چون خشم و غضب آنها به‌قدری شدید بود که می‌خواستند خودْ هم قاضی محکمه باشند و هم مأمور اجرای حکم.»(۳)

آنها عیسی را به اتهام "کفرگویی" به سنگسار شدن تهدید کردند. یهودیان تعالیم مسیح را کاملاً درک می‌کردند ولی باید پرسید که آیا آنها در مورد صحت یا سقم ادعاهای او نیز می‌اندیشیدند؟

عیسی مکرراً خود را هم‌ذات خدا می‌خواند. او با شهامت اعلام کرد: «... اگر مرا می‌شناختید پدر مرا نیز می‌شناختید.» (یوحنا ۱۹:۸)؛ «هر که بر من بنگرد، بر فرستندهٔ من نگریسته است» (یوحنا ۴۵:۱۲)؛ «کسی که از من نفرت داشته باشد، از پدر من نیز نفرت دارد» (یوحنا ۲۳:۱۵)؛ «تا همه پسر را حرمت گذارند، همان‌گونه که پدر را حرمت می‌نهند. زیرا کسی که پسر را حرمت نمی‌گذارد، به پدری که او را فرستاده است نیز حرمت ننهاده است» (یوحنا ۲۲:۵). این سخنان نشان از این حقیقت دارند که عیسی نه تنها خود را بیش از انسانی معمولی می‌دانست، بلکه خود را هم‌تراز و مساوی با خدا معرفی می‌کرد. افرادی که ادعا می‌کنند تنها تفاوت عیسی با سایرین این است که او از رابطه‌ای صمیمانه‌تر و نزدیکتر با خدا برخوردار بود ناگزیرند در مورد این سخن عیسی نیز به تفکر بپردازند: «کسی که پسر را حرمت نمی‌گذارد، به پدری که او را فرستاده است نیز حرمت ننهاده است.»

روزی در دانشگاه "وست ویرجینیا"* در حال سخنرانی بودم که یکی از اساتید حاضر در آنجا سخن مرا قطع کرد و گفت: «تنها انجیلی که در آن مسیح ادعای الوهیت کرده است انجیل یوحناست و این انجیل پس از

سه انجیل دیگر نوشته شده است. او افزود که در انجیل مرقس که اولین انجیل است، هرگز چنین ادعایی به عیسی نسبت داده نشده است.» با شنیدن سخنان او متوجه شدم که او یا انجیل مرقس را نخوانده و یا توجه کافی به آن مبذول نداشته است.

برای پاسخ‌گویی به او به انجیل مرقس اشاره کردم. در این انجیل عیسی ادعا کرد که می‌تواند گناهان افراد را بیامرزد. «چون عیسی ایمان آنها را دید، مفلوج را گفت: ای فرزند، گناهانت آمرزیده شد» (مرقس ۵:۲ همچنین مراجعه شود به لوقا ۴۸:۷-۵۰). بر اساس شریعت یهود تنها خدا قادر است گناهان را بیامرزد. اشعیا ۲۵:۴۳ نیز این امتیاز را فقط برای خدا قائل شده است. کاتبان پرسیدند: «چرا این مرد چنین سخنی بر زبان می‌راند؟ این کفر است! چه کسی جز خدا می‌تواند گناهان را بیامرزد؟» (مرقس ۷:۲). عیسی در پاسخ به آنها گفت: «گفتن کدام‌یک به این مفلوج آسانتر است، اینکه "گناهانت آمرزیده شد" یا اینکه "برخیز و تخت خود را بردار و راه برو"؟»

بر اساس تفسیر "ویکلیف"،* این سؤال «سؤالی بی‌پاسخ است. به زبان آوردن این جملات کار ساده‌ای است ولی انجام دادن آنها قطعاً نیازمند قدرت الاهی می‌باشد. افراد فریبکار مطمئناً فقط این جملات را به زبان می‌آورند، ولی عیسی نه تنها آنها را به زبان آورد بلکه انجام داد. او با شفا دادن مرد افلیج نشان داد که می‌تواند گناهانش را نیز بیامرزد.»(۴) ولی رهبران مذهبی یهود او را به کفرگویی متهم کردند. "لوئیز اسپری چفر"* می‌نویسد: «هیچ انسانِ خاکی‌ای قدرت و اقتدار لازم برای آمرزش گناهان را ندارند. هیچ‌کس نمی‌تواند گناهان‌مان را بیامرزد مگر فردی که در مقابل او گناه ورزیده‌ایم. زمانی که عیسی گناهان افراد را می‌بخشید قطعاً از اختیار و اقتداری انسانی استفاده نمی‌کرد. از آنجایی که هیچ‌کس جز خدا نمی‌تواند گناهانمان را بیامرزد، می‌توان نتیجه گرفت که چون عیسی گناهان را می‌آمرزید پس خداست.»(۵)

بخشش گناهان تا مدت‌ها ذهن مرا به خود مشغول کرده بود و نمی‌توانستم آن را به‌خوبی درک کنم. روزی در کلاس فلسفه، در پاسخ

به سؤالی که در مورد الوهیت مسیح بود آیات فوق را از انجیل مرقس نقل قول کردم. یکی از استادیاران با نتیجه‌گیری‌ای که کرده بودم مخالفت کرد. او گفت من نیز می‌توانم فردی را ببخشم ولی این امر بدین معنا نیست که من خدا هستم. زمانی که داشتم به سخنان او گوش می‌دادم ناگهان فکری به ذهنم خطور کرد و پی بردم که چرا رهبران مذهبی چنین واکنش شدیدی را نسبت به اظهارات عیسی نشان دادند. ممکن است فردی در مقابل شما خطایی انجام داده باشد و سپس به‌خاطر این خطا از شما عذرخواهی کند و شما نیز به او بگویید: «تو را می‌بخشم.» ولی به یاد داشته باشید که فقط شما می‌توانید او را ببخشید چون او در مقابل شخص شما این گناه و خطا را انجام داده است و هیچ‌کس دیگری نمی‌تواند به جای شما او را ببخشد. ولی اگر کمی دقت کنید می‌بینید که فرد افلیج در مقابل خدا گناه ورزیده بود و عیسی به‌واسطهٔ اختیار و اقتداری که داشت به او گفت که گناهانش آمرزیده شد. بله، ما می‌توانیم افرادی را که نسبت به ما گناه ورزیده‌اند ببخشیم ولی هرگز نمی‌توانیم افرادی را که نسبت به خدا مرتکب گناه شده‌اند، بیامرزیم. فقط خدا می‌تواند چنین افرادی را عفو کند و این در واقع همان کاری بود که مسیح انجام داد.

البته واکنش یهودیان نسبت به ادعاهای جسورانهٔ نجاری از اهالی ناصره نباید زیاد هم باعث تعجب ما شود. مسیح در بخشش گناهان افراد در واقع امتیازی را به کار می‌برد که فقط مختص خدا بود.

همچنین، در انجیل مرقس شاهد محاکمهٔ عیسی هستیم (۱۴:۶۰-۶۴). عیسی به این دلیل که ادعای الوهیت کرده بود مورد محاکمه قرار گرفت «آنگاه کاهن اعظم برخاست و در برابر همه از عیسی پرسید: «هیچ پاسخ نمی‌گویی؟ این چیست که علیه تو شهادت می‌دهند؟» امّا عیسی همچنان خاموش ماند و پاسخی نداد. دیگر بار کاهن اعظم از او پرسید: «آیا تو مسیح، پسر خدای متبارک هستی؟» عیسی بدو گفت: «هستم، و پسر انسان را خواهید دید که به‌دست راست قدرت نشسته، با ابرهای آسمان می‌آید.» آنگاه کاهن اعظم گریبان خود را چاک زد و گفت: «دیگر چه نیاز به شاهد است؟ کفرش را شنیدید. حُکمتان چیست؟» آنها همگی

فتوا دادند که سزایش مرگ است.»

در ابتدا، عیسی به سؤال رئیس کهنه پاسخ نداد، ولی او مجدداً سؤال خود را تکرار کرد و عیسی مجبور شد پاسخ دهد (و من از این امر بسیار خشنودم!) عیسی در پاسخ به این سؤال که: «آیا تو مسیح پسر خدای متبارک هستی؟» گفت: «هستم.»

با بررسی شهادت مسیح مشخص می‌شود که او ادعا کرد:۱) پسر خدای متبارک است، ۲) فردی است که بر طرف راست قوت می‌نشیند و ۳) در ابرهای آسمان می‌آید. هر یک از این موارد به نوعی با موعودباوری در ارتباط هستند و هر یک از آنها نیز تأثیر به‌سزایی بر جای گذاردند. شورای سنهدرین، محکمهٔ یهود، تمام این ادعاها را مورد توجه قرار داد و رئیس کهنه با چاک زدن گریبان خود گفت: «دیگر چه نیاز به شاهد است؟» آنها نیازی به شهادت شهود نداشتند، چون عیسی ادعاهای خود را صراحتاً بیان کرده بود. او به‌خاطر سخنانش مجرم شناخته شد.

"رابرت اندرسون"* می‌گوید: «اظهارات شهود متخاصم قانع‌کننده‌ترین مدرک جهت متهم کردن مسیح به شمار می‌رفت و البته اقدامات دشمنان عیسی نیز این حقیقت را به اثبات رساند که عیسی ادعای الوهیت کرده بود. ما باید به یاد داشته باشیم که یهودیان انسان‌های بی‌تمدن و ناآگاهی نبودند بلکه از فرهنگی غنی برخوردار بوده، و کاملاً پایبند اصول مذهبی خود بودند. به‌خاطر این اتهام بود که شورای سنهدرین، شورای رهبران مذهبی یهود که غمالائیل و پولس طرسوسی نیز از اعضای آن بودند، با اکثریت قاطع حکم مرگ عیسی را صادرکرد.»[۶]

بدیهی است که این همان شهادتی بود که عیسی می‌خواست در موردش بدهند. سران یهود با شنیدن پاسخ عیسی چنین استنباط کردند که او ادعای خدایی کرده است. پس دو امکان وجود داشت:یا عیسی کفر می‌گفت و یا حقیقتاً خدا بود. کفرگویی عیسی برای سران یهود به‌قدری محرز بود که آنها به راحتی حکم مصلوب شدن وی را صادر کردند و با کنایه گفتند: «او به خدا توکل دارد؛ ... ادعا می‌کرد پسر خداست!!» (متی ۴۳:۲۷)

"اچ. بی. سووت"* در مورد اهمیت پاره کردن گریبان رئیس کهنه توسط خودش می‌گوید: «شریعت یهود، رئیس کهنه را از پاره کردن گریبان خود در هنگام بروز مشکلات شخصی و خصوصی بازمی‌دارد (لاویان ۱۰:۶؛ ۲۱:۱۰)، ولی به او حکم شده است که هرگاه در مسند قضاوت شاهد کفرگویی فردی باشد باید جامه خود را به نشانهٔ انزجار پاره کند. نگرانی رئیس کهنه نیز دیگر از بین رفته بود. از آنجایی که خودِ زندانی خویشتن را متهم ساخته بود، دیگر مدرک قانع‌کننده و قابل قبول دیگری مورد نیاز نبود.»(۷)

همان‌طور که می‌بینید محاکمهٔ مسیح محاکمه‌ای معمولی نبود. حقوقدانی به نام "ایروین لینتون"* می‌گوید: «محاکمه عیسی یک محاکمه بی‌نظیر بود، چون بر خلاف معمول مسیح به‌خاطر اعمالش مورد محاکمه قرار نگرفت بلکه به‌خاطر هویتش. اتهام عیسی، اعتراف و شهادت او، عملکرد او در محکمه، بازجویی والیان رومی و نوشته‌ای که بر بالای صلیب او نصب شده بود، همه نشان از این حقیقت داشتند که مسیح به‌خاطر هویت و مقامش مورد محاکمه قرار گرفت. به نظر شما مسیح کیست و فرزند چه شخصی است؟»(۸)

قاضی‌ای به نام "گینور"* که از اعضای هیأت قضات نیویورک بود در مورد محاکمه عیسی اظهار داشت که کفرگویی اتهامی بود که قبل از شورای سنهدرین به او نسبت داده شد. او افزود: «راویان چهار انجیل صراحتاً بیان می‌کنند که عیسی به‌خاطر کفرگویی مورد اتهام و محاکمه قرار گرفت... عیسی ادعا می‌کرد که دارای قوت مافوق طبیعی است، و این ادعا از سوی یک انسان کفرگویی محسوب می‌شد»(۹) (یوحنا ۱۰:۳۳). [البته گینور به ادعای "الوهیت مسیح" اشاره می‌کند نه به سخنی که در مورد هیکل گفت.]

در اکثر محاکمه‌ها افراد به‌خاطر اعمال‌شان مورد محاکمه قرار می‌گیرند، ولی مسیح به‌خاطر هویتش مورد محاکمه قرار گرفت.

محاکمه مسیح بهترین مدرکی است که ثابت می‌کند مسیح ادعای الوهیت کرده است. و البته قضات این محکمه نیز کاملاً بر این امر واقف

بودند. به‌علاوه، دشمنان مسیح نیز در روز مصلوب شدن وی اعتراف کردند که او خدای مجسم است. «سران کاهنان و علمای دین و مشایخ نیز استهزایش کرده، می‌گفتند: «دیگران را نجات داد، امّا خود را نمی‌تواند نجات دهد! اگر پادشاه اسرائیل است، اکنون از صلیب پایین بیاید تا به او ایمان آوریم. او به خدا توکل دارد؛ پس اگر خدا دوستش می‌دارد، اکنون او را نجات دهد، زیرا ادعا می‌کرد پسر خداست!» (متی ۴۱:۲۷-۴۳)

A. H. Strong; A. T. Robertson; Leon Morris; Ridley; Melbourne; West Virginia; Wycliffe; Lewis Sperry Chafer; Robert Anderson; H. B. Swete; Irwin Linton; Gaynor

فصل ۲

خداوند، دروغگو یا دیوانه؟

ادعاهای صریح و روشن عیسی مبنی بر الوهیتش بر سخنان پرطرفدار شکاکان که عیسی را صرفاً انسانی نیک‌کردار یا نبی‌ای با تعالیم ارزشمندی دانستند، خط بطلان کشید. نه تنها محققین بسیاری، اعتقاد شکاکان را مردود شمرده‌اند، بلکه حتی با رجوع به عقل سلیم نیز می‌توان به کذب بودن آن پی برد. ولی جای بسی تأسف است که بسیاری از افراد بدون لحظه‌ای اندیشیدن در مورد صحت یا سقم این اعتقاد، آن را می‌پذیرند.

این امر که افراد عیسای مسیح را "که" می‌دانند برای او (مسیح) بسیار حائز اهمیت است. با توجه به سخنان و ادعاهای عیسی نمی‌توان نتیجه گرفت که او صرفاً نبی یا فردی نیک‌کردار بوده است. عیسای مسیح به هیچ وجه حق چنین انتخابی را برای ما قائل نشده است.

"سی. اس. لوئیس"،* استاد دانشگاه کمبریج که زمانی لاادری‌گرا بود، این حقیقت را به‌خوبی درک کرده بود. او می‌نویسد: «من در این دانشگاه سعی می‌کنم از به وجود آمدن اعتقاد احمقانه‌ای که اغلب افراد را گرفتار کرده است جلوگیری کنم. این اعتقاد عبارت است از: "من فقط می‌توانم عیسی را به‌عنوان معلم اخلاق بپذیرم و هرگز نمی‌توانم ادعای الوهیت او را قبول کنم." این همان سخنی است که ما هرگز نباید به زبان بیاوریم. اگر یک انسان معمولی سخنانی را به زبان آورد که عیسی می‌گفت، نمی‌توان نتیجه گرفت که او معلم اخلاق است، بلکه باید گفت که ممکن است او خود شیطان و یا حتی فردی دیوانه باشد - مانند گدایی که ادعای شاهزادگی بکند. شما باید یکی از این احتمالات را انتخاب کنید: یا باید عیسی را به‌عنوان پسر خدا بپذیرید و یا او را فردی دیوانه و یا حتی بدتر از آن بدانید.»

"لوئیس" می‌افزاید: «شما می‌توانید با نادان دانستن عیسی، او را مجبور به سکوت کنید، یا می‌توانید با شریر دانستن او به صورتش تف بیاندازید و او را به قتل برسانید، و یا می‌توانید به پاهای او بیفتید و او را خدا و خداوند بخوانید. ولی در هر صورت نباید اجازه دهیم که این تصور احمقانه در ما شکل گیرد که عیسی معلم اخلاق بوده است. او به هیچ وجه ما را برای چنین انتخابی آزاد نگذاشته و حتی قصد چنین کاری را نیز نداشته است.»[۱]

"اف. جی. ای. هورت"* که ۲۸ سال از ایام عمرش را صرف نقادی نسخ عهدجدید کرده است می‌نویسد: «سخنان عیسی بخشی از وجود او است. اگر ما این سخنان را صرفاً حقایقی بیان شده توسط نبی یا کاهنی به نام عیسی بدانیم، آنگاه تمام این سخنان مفهوم خود را از دست خواهند داد. اگر عیسی را که موضوع اصلیِ (البته نه، تنها موضوع) سخنانش است از آنها حفظ کنیم، آنگاه تمام این سخنان بی‌معنی خواهند بود.»[۲]

"کنت اسکات لاتورت" که از تاریخ شناسان مسیحی در دانشگاه "ییل"* است می‌نویسد: «اگرچه تمام تعالیم عیسی او را از دیگران متمایز می‌گرداند، ولی آنچه عیسی را از سایرین کاملاً مستثنا می‌سازد، تعالیمش نیست، بلکه آمیخته‌ای از تعالیم و شخصیت وی است. این دو به صورت دو جزء لاینفک هستند.» لاتورت چنین نتیجه‌گیری می‌کند: «برای خوانندگان فهیم اناجیل بدیهی است که عیسی خود و تعالیمش را به‌عنوان دو جزء جدایی‌ناپذیر معرفی می‌کند. او بیش از معلم اخلاق بود. اگر تعالیم او در مورد خدا، ملکوت او و رفتار انسانی را از وجود و شخصیت وی جدا کنیم، آنگاه تمام آنها اعتبار و معنای خود را از دست خواهند داد.»[۳]

عیسی ادعای الوهیت کرد و ما را ملزم به پذیرفتن این حقیقت می‌داند. این ادعا، صرف نظر از صحت یا سقم آن، نیازمند دقت و توجه زیادی است. سؤالی که عیسی خطاب به شاگردانش مطرح کرد می‌تواند پاسخ‌های متعددی داشته باشد: «به نظر شما من که هستم؟» (متی ۱۵:۱۶)

ابتدا فرض را بر این قرار می‌دهیم که ادعای الوهیت عیسی نادرست

بوده است. با در نظر گرفتن این فرضیه، دو احتمال به وجود می‌آید. اول اینکه او با داشتن آگاهی از نادرست بودن آن، چنین ادعایی کرده است و دوم اینکه او ندانسته و ناآگاهانه ادعای الوهیت کرده است. ما این فرضیه‌ها را به‌طور جداگانه مورد بررسی قرار خواهیم داد و در هر مورد شواهد موجود را بررسی خواهیم کرد.

آیا عیسی دروغگو بود؟

اگر فرض کنیم که عیسی می‌دانسته خدا نیست ولی با وجود این ادعای الوهیت کرده است، آنگاه می‌توانیم نتیجه بگیریم که او دروغگو بوده و پیروان خود را تعمداً فریب داده است. اگر ما فرضیه دروغگو بودن عیسی را قبول کنیم مجبوریم ریاکار بودن وی را نیز بپذیریم، چون او همیشه افراد را تشویق می‌کرد تا به هر قیمتی صداقت خود را حفظ کنند، در حالی که او خود در تمام ایام عمرش به دروغ ادعای الوهیت کرده بود. به‌علاوه، می‌توان گفت که او فردی شریر است چون به مردم می‌گفت که باید برای داشتن حیات ابدی به او ایمان بیاورند. اگر فرض کنیم که او می‌دانست که نمی‌تواند به ادعاهای خود جامه عمل بپوشاند، پس می‌توان نتیجه گرفت که او یقیناً فردی خاطی و گناهکار بود و بالاخره می‌توان گفت که او فردی نادان بود چون به‌خاطر ادعاهای دروغین خود به صلیب کشیده شد.

بسیاری معتقدند که عیسی معلم اخلاق بود. ولی بیایید واقع‌گرا باشیم. چگونه می‌توان با دانستن این امر که عیسی آگاهانه افراد را در مورد شخصیت خودْ که نقطهٔ اوج تعالیمش بود، فریب داده است، پذیرفت که او معلم اخلاق بوده است؟

نتیجه منطقی این فرضیه این است که او تعمداً به دروغگویی پرداخته است. ولی این نتیجه‌گیری با آنچه ما در مورد او می‌دانیم و با نتایجی که زندگی و تعالیم وی در پی داشت به هیچ وجه مطابقت ندارد. چون در هر جایی که نام او موعظه شده است در آنجا زندگی گناهکاران دگرگون شده

است، وضعیت ملل تغییر کرده، سارقین دست از سرقت کشیده و زندگی صادقانه‌ای را در پیش گرفته‌اند، الکلی‌ها شفا یافته‌اند، افراد مملو از نفرت از محبت سرشار شده‌اند و افراد گناهکار پارسا شمرده شده‌اند.

"ویلیام لکی"،* یکی از مورخین مشهور بریتانیای کبیر و از مخالفین سرسخت مسیحیت می‌نویسد: «مسیحیت می‌تواند شخصیت ارزشمندی را به جهانیان معرفی کند که نه تنها توانسته است در طی هجده قرن اخیر قلب انسان‌های بسیاری را با محبت آتشین خود بلرزاند، بلکه قابلیت خود را برای کار کردن در تمام اعصار، ملل، انسان‌ها و شرایط حفظ کرده است. او نه تنها بالاترین الگو و نمونهٔ قدوسیت و شرافت است، بلکه افراد را نیز تشویق می‌کند تا این چنین زندگی کنند... روایت سادهٔ دورهٔ سه سالهٔ خدمت عیسی بیش از سخنان و توصیه‌های بزرگترین فلاسفه و معلمین اخلاق توانسته است زندگی افراد را تغییر دهد و نفس حیات را در زندگی بی‌جان آنها بدمد.»(۴)

تاریخ‌شناسی به نام "فیلیپ شف"* می‌گوید: «اگر این شهادت درست نباشد پس باید کفرگویی یا دیوانگی محض باشد. ولی با توجه به قدوسیت و شرافت عیسی که در گفتار و رفتارش هویدا بود و مورد پذیرش جهانیان نیز قرار دارد، نمی‌توان فرضیهٔ کفرگویی را پذیرفت. به‌علاوه، با توجه به اهمیت موضوع و عقل سلیمی که در عیسی سراغ داریم فرضیهٔ دیوانگی او نیز مردود شمرده می‌شود. چطور می‌توان گفت که عیسای مسیح فردی دیوانه است، در حالی که او حتی یک بار هم تعادل فکری خود را از دست نداد، جفاها را با آرامش تحمل کرد، همواره حکیمانه‌ترین پاسخ‌ها را به سؤالات مغرضانهٔ افراد داد، مرگ خود را روی صلیب، رستاخیزش را در روز سوم، نزول روح‌القدس، تأسیس کلیسا و ویرانی اورشلیم را به درستی پیشگویی کرد؟ چنین شخصیت بکر، کامل و استواری که عظمتش بالاتر از تمام عظمت‌های انسانی است نمی‌تواند فریبکار یا دروغگو باشد. مطمئناً در این مورد خالق داستان بزرگتر از قهرمان آن است. خلق کردن داستان عیسی فردی بزرگتر از خودِ عیسی می‌طلبد [چیزی که غیرممکن است].»(۵)

به‌علاوه، "شف" دلایل قانع کننده‌ای ارائـه می‌کند که فرضیهٔ دروغگو بـودن عیسـی را رد می‌کننـد: «با رجوع به عقل سـلیم، منطـق و تجربیات انسـانی چگونـه می‌تـوان پذیرفـت کـه فـرد فریبـکاری کـه حقه‌بـازی، خودخواهی و فساد از خصوصیات اوست بتواند پاک‌ترین و شریف‌ترین شـخصیت تاریخ باشـد و در تمام ایام زندگی خود قدوسیت را حفظ کند و جـز حقیقت و راسـتی را به زبان نیاورد؟ چنین فـردی چگونه می‌تواند مردم را فریب دهد و نقشـه‌ای را به اجرا درآورد که نشان‌دهندهٔ قدوسیت و فروتنی اوست و نفع آن فقط متوجه انسان‌هاست و بر اساس این نقشه، در برابر تعصبات کورکورانه مردم آن عصر، جان خود را روی صلیب فدا کند؟»(۶)

اگر هدف عیسـی این بود که مردم را مجبور کند که او را به‌عنوان خدا بپذیرند و از او پیروی کنند چرا به یک جامعهٔ یهودی رفت؟ چرا به‌عنوان نجاری ناصری به شـهری کوچک رفت که سـاکنین آن به‌شدت به خدای واحد حقیقی اعتقاد داشـتند؟ چرا بـه مصر یا یونان که معتقد به خدایان و مظاهر الاهی متعدد هستند نرفت؟

زندگی، تعالیم و مرگ عیسی بر فرضیه دروغگو بودن وی خط بطلان می‌کشند. چه احتمالات دیگری باقی می‌ماند؟

آیا عیسی دیوانه بود؟

با مردود دانسـتن فرضیه دروغگو بودن عیسی، احتمال دیگری مطرح می‌شـود: ممکن است عیسی ناآگاهانه خود را خدا خوانده باشد و اشتباهاً ادعای الوهیت کرده باشـد. این فرضیه ممکن اسـت درسـت یا نادرسـت باشـد. ولی باید به یاد داشته باشـیم که هرگز نمی‌توان فردی را که در یک جامعـهٔ موحد و یکتاپرسـت ادعای الوهیـت می‌کند و می‌گویـد که برای برخـورداری از حیـات ابدی باید بـه او ایمان بیاورند، فـردی خیال‌پرداز دانسـت، بلکه باید گفت که او فردی کاملاً دیوانه و مجنون اسـت. ولی آیا عیسای مسیح چنین فردی بود؟

کسـی که ادعای الوهیت می‌کند مانند فردی اسـت که امروزه ادعا کند که ناپلئون اسـت. او فردی فریب‌خورده است که احتمالاً در مکانی حبس خواهد شـد تا به خود و دیگران آسیب نرساند. البته عیسای مسیح دارای هیچ‌یـک از ناهنجاریهـا و اختلالاتی نبـود که اغلب در افـراد دیوانه دیده می‌شـود. اگـر او را فردی دیوانـه تلقی کنیـم، چگونه می‌توانیـم متانت و خویشتنداری او را توجیه کنیم.

"نویس"* و "کولب"،* در یک مقالهٔ پزشـکی(۷) فرد اسـکیزوفرنیایی را بدین شـکل توصیف می‌کنند: افراد اسـکیزوفرنیایی افرادی در خود مانده و غیرواقع‌گرا هستند. آنها سعی می‌کنند از حقایق بگریزند. با این توصیف می‌توان نتیجه گرفت که در مورد عیسـای مسـیح نیز ادعای الوهیت کردن در واقع فرار از حقیقت بود.

بـا توجه به حقایقی که در مورد عیسـی می‌دانیـم، تصور این امر که او دیوانه بود، دشوار است. سخنان عیسی همگی ارزشمند و پرمحتوا هستند. تعالیم او افراد بسـیاری را از اسـارتهای معنوی آزاد کرده اسـت. "کلارک اچ. پینـاک"* ایـن سـؤال را مطـرح می‌کنـد: «آیا عیسـی اسـکیزوفرنیایی، خیال‌پـرداز، دروغگـو یا دیوانه بود؟ ولی با توجـه به مفهوم و عمق تعالیم وی، فقط می‌توان گفت که او فردی کاملاً سالم و منطقی بود. اگر دیوانگی این است پس ای کاش همهٔ ما دیوانه باشیم!»(۸) یکی از دانشجویان رشتهٔ روانشناسـی در دانشـگاه کالیفرنیا به نقل از اسـتاد خود می‌گوید: «من تنها کاری کـه برای بیماران خود انجام می‌دهم این اسـت کـه کتاب‌مقدس را برمی‌دارم و بخشـی از تعالیم عیسـی را برای آنها می‌خوانم و این در واقع تنها راه درمان آنها است.»

روانپزشـکی بـه نام "جـی. تی. فیشـر"* می‌گوید: «اگـر مجموعه‌ای از ارزشـمندترین مقالاتـی کـه تاکنون توسـط روانشناسـان و روانپزشـکان مختلـف در مورد بهداشـت روانی نوشـته شـده‌اند، تهیه کنیـم – اگر آنها را بـا یکدیگـر درآمیزیـم، اصـلاح کنیـم و اضافـات را حـذف کنیـم – و اگـر از قابل‌ترین شـعرای معاصـر بخواهیم کـه آنها را به صـورت منظوم درآورنـد، آنـگاه مجموعه‌ای که به دسـت خواهد آمـد خلاصه‌ای ناقص

از موعظهٔ بالای کوه عیسی، و غیر قابل قیاس با آن خواهد بود. حدود ۲۰۰۰ سال است که جهان مسیحیت پاسخ تمام سؤالات بی‌پایان و بی‌حاصل افراد را در اختیار دارد. در این موعظه، اصول زندگی موفق انسانی که شامل خوش‌بینی، سلامت روانی و خشنودی است ارائه شده است.»(۹)

"سی. اس. لوئیس" می‌نویسد: «ارائهٔ توصیفِ تاریخیِ زندگی، سخنان و تأثیر و نفوذ عیسی به‌گونه‌ای که سخت‌تر از توصیف مسیحیت نباشد بسیار دشوار است. اختلاف میان عمق و سلامتِ تعالیم اخلاقیِ عیسی و خودبزرگ‌بینیِ فزاینده‌ای که در پَسِ تعالیم الاهیاتیِ او است – مگر آنکه اولوهیت او را بپذیریم – هرگز به‌طور متقاعدکننده‌ای توضیح داده نشده است. از این رو فرضیه‌های غیرمسیحی یکی پس از دیگری مردود شمرده می‌شوند.»(۱۰)

"فیلیپ شف" چنین استدلال می‌کند: «آیا می‌توان پذیرفت که چنین فرد سالم، قدرتمند و متکی به نفس و همیشه آماده‌ای که عقل و خردش به برندگی شمشیر، به صافی آسمان و به تازگی هوای کوهستان است انسان‌ها را در مورد شخصیت و مأموریت خویش فریب داده باشد؟ چنین تصوری کاملاً احمقانه است!»(۶)

آیا عیسی خداوند بود؟

من شخصاً نمی‌توانم فرضیهٔ دروغگو و دیوانه بودن عیسی را بپذیرم. تنها احتمال دیگری که باقی می‌ماند این است که او همان‌طور که ادعا کرد مسیح، پسر خدا است.

پاسخ اغلب یهودیان به این سؤال که «عیسای مسیح کیست؟» بسیار جالب توجه است. آنها معمولاً می‌گویند که عیسی فردی پاک‌سیرت، شریف، نیک‌کردار، رهبر مذهبی و نوعی نبی بود. من در حضور آنها ادعاهای عیسی و سه فرضیه‌ای را که در این فصل به بررسی آن پرداختیم (دروغگو، دیوانه یا خداوند) مطرح می‌کنم. وقتی از آنها سؤال می‌کنم

که آیا اعتقاد دارید که عیسی دروغگو بود؟ آنها بلافاصله می‌گویند: «خیر.» سپس می‌پرسم که آیا عیسی را فردی دیوانه تلقی می‌کنید؟ آنها می‌گویند: «البته که نه.» و زمانی که از آنها می‌پرسم: «آیا باور می‌کنید که عیسی خداست؟» آنها بی‌درنگ پاسخ می‌دهند: «به هیچ وجه.» ولی در هر صورت ما باید یکی از این احتمالات را بپذیریم.

البته مسئله اصلی این نیست که کدام‌یک از این فرضیه‌ها ممکن است صحت داشته باشد، چون این احتمال در خصوص هر سه فرضیه نیز وجود دارد. ولی سؤال اصلی این است که «احتمال درست بودن کدام یک از آنها بیش از سایرین است؟» انتخاب شما و نظری که نسبت به عیسای مسیح دارید بسیار حائز اهمیت است. شما نمی‌توانید با معلم اخلاق نامیدن عیسی وی را به دست فراموشی بسپارید. این انتخاب درستی نیست. او یا باید دروغگو یا دیوانه و یا خداوند و خدا باشد. شما باید یکی از این احتمالات را انتخاب کنید. یوحنای رسول در این خصوص می‌نویسد: «امّا اینها نوشته شد تا ایمان آورید که عیسی همان مسیح، پسر خداست، و تا با این ایمان، در نام او حیات داشته باشید.» (یوحنا ۳۱:۲۰).

شواهد موجود فرضیهٔ اخیر یعنی خداوند بودن عیسی را کاملاً به اثبات می‌رسانند. البته، برخی افراد به‌خاطر فرار از مسئولیت‌هایی که پذیرفتن این حقیقت بر عهدهٔ آنها می‌گذارد، سعی می‌کنند این شواهد مبرهن را رد کنند. آنها نمی‌خواهند زیر بار مسئولیت‌هایی بروند که پذیرش الوهیت مسیح بر دوش آنها می‌گذارد.

C. S. Lewis; F. J. A. Hort; Yale; William Lecky; Philip Schaff; Noyes; Kolb; Clark H. Pinnock; J. T. Fisher

فصل ۳

علم در این باره چه می گوید؟

برخی می کوشند با مطرح کردن این اعتقاد که تا زمانی که چیزی از لحاظ علمی به اثبات نرسد نمی‌تواند حقیقت داشته باشد و نباید مورد قبول قرار گیرد، از پذیرش مسیح سر باز زنند. از آنجایی که نمی‌توان رستاخیز مسیح و الوهیت وی را به لحاظ علمی ثابت کرد، انسان‌های قرن بیستم از پذیرفتن الوهیت مسیح و باور کردن رستاخیز وی خودداری می کنند.

در کلاس فلسفه و تاریخ اغلب این سؤال را خطاب به من مطرح می کنند: «آیا می‌توانید الوهیت و رستاخیز مسیح را به روش علمی ثابت کنید؟» و من معمولاً پاسخ می‌دهم: «خیر، چون من دانشمند نیستم.» آنها نیز شروع به خندیدن می کنند و با تمسخر می گویند: «در این باره با ما صحبت نکن.» یا «احتمالاً باید آن را با *ایمان* بپذیریم!» (البته، منظور آنها ایمان کورکورانه است.)

اخیراً در سفر خود به بوستون با یکی از همسفرانم در مورد این موضوع صحبت می‌کردم که چرا مسیح را به‌عنوان خداوند پذیرفته‌ام. در آن زمان، خلبان هواپیما که برای خوش‌آمدگویی به مسافران به آنجا آمده بود به‌طور اتفاقی بخشی از سخنان مرا شنید و رو به من کرد و گفت: «ولی یک اشکال وجود دارد.» من از او پرسیدم: «چه اشکالی؟» و او در جواب گفت: «شما نمی‌توانید الوهیت مسیح را از لحاظ علمی اثبات کنید.»

نگرش و طرز فکر انسان‌های امروزی بسیار حیرت‌آور است. در قرن بیستم، ما با افرادی سر و کار داریم که معتقدند تا زمانی که چیزی از لحاظ علمی به اثبات نرسد، نمی‌تواند حقیقت داشته باشد. با توجه به این اعتقاد، سخنان ما نیز حقیقت ندارد! ولی مشکل اینجاست که آنها

از ما می‌خواهند حقایقی را در مورد فرد یا واقعه‌ای *تاریخی* به اثبات برسانیم. ما باید تفاوت بین روش اثبات علمی و روش اثباتی را که من آن را حقوقی-تاریخی می‌نامم، درک کنیم. حال به بررسی این دو روش خواهیم پرداخت.

در روش اثبات علمی ما می‌کوشیم واقعه مورد نظر را در حضور فردی که در مورد آن تردید دارد، تکرار کنیم و از این طریق ثابت کنیم که این واقعه، واقعه‌ای حقیقی است. در این روش ما محیطی تحت کنترل به‌وجود می‌آوریم و در آن مشاهدات خود را انجام می‌دهیم، اطلاعاتی را گردآوری می‌کنیم و درستی یا نادرستی فرضیه‌ها را به روش تجربی به اثبات می‌رسانیم.

روش اثبات علمی بنا به تعریف عبارت است از «سنجش پدیدهٔ مورد نظر، آزمایش و مشاهدهٔ مکرر آن.»(۱) دکتر "جیمز بی. کنانت"،* رئیس پیشین دانشگاه هاروارد، می‌نویسد: «علم مجموعه‌ای است از مفاهیم و برنامه‌های فکری و عقلانی که به دنبال انجام آزمایشات و مشاهدات شکل می‌گیرند و با انجام آزمایشات و مشاهدات بیشتر مفیدتر و پربارتر می‌شوند.»(۲)

اثبات درستی یا نادرستی فرضیه‌ها با استفاده از آزمایشات تحت کنترل یکی از روش‌های عمده در علم نوین به شمار می‌رود. به‌عنوان مثال فردی می‌گوید: «صابون آیوُری[۱] روی آب شناور نمی‌شود.» ما برای تعیین درستی یا نادرستی ادعای او به همراه یکدیگر به آشپزخانه می‌رویم و مقداری آب در ظرفشویی می‌ریزیم و سپس صابون آیوُری را در آن می‌اندازیم. ما مشاهدات خود را انجام می‌دهیم، اطلاعات را گردآوری می‌کنیم و فرضیهٔ او را به روش تجربی مورد ارزیابی قرار می‌دهیم و نتیجه را اعلام می‌کنیم: «صابون آیوُری روی آب شناور می‌شود.»

اگر روش اثبات علمی را تنها روش اثبات حقایق بدانیم، نمی‌توانیم ثابت کنیم که امروز صبح سر کلاس حاضر بودیم و یا امروز ناهار

---

۱. Ivory Soap نوعی صابون معطر که به‌خاطر کیفیت اعلا و شناور شدن روی آب معروف بود.

خورده‌ایم. چون نمی‌تـوان این موارد را در محیط‌های تحت کنترل تکرار کرد.

در خصـوص ایـن مـوارد می‌تـوان از روش اثبـات تاریخی-حقوقی استفاده کرد. در این روش سعی بر این است که بدون باقی گذاشتن شک و تردید ثابت کنیم که چیزی حقیقت دارد. به عبارت دیگر، در این روش با توجه به *شـواهد* موجود درستی یا نادرستی فرضیه‌ها ثابت می‌شـود. یعنـی پـس از اثبات آن دیگر جای هیچ شک و شبه‌های باقی نمی‌ماند. شواهدی که در این روش مورد بررسی قرار می‌گیرند، عبارتند از: شهادت شفاهی، شهادت کتبی و سایر شواهد و مدارک (مانند اسلحه، گلوله، دفتر یادداشت و غیره). شـما می‌توانید بـا بـه کار گیری ایـن روش به‌خوبی و بدون باقی گذاشـتن شک و شـبهه اثبات کنید که امروز سر کلاس حاضر بوده‌اید، چون: دوستان‌تان شـما را دیده‌اند، استاد نیز شما را به‌خاطر دارد و یادداشت‌های درسی امروز را نزد خود دارید.

روش اثبـات علمـی را فقط می‌توان برای اثبات امـوری به کار برد که قابل تکرار باشند و این روش برای رد یا تأیید امور تاریخی مناسب نیست. روش اثبـات علمی برای پاسـخ‌گویی به سـؤالاتی از این دسـت مناسـب نیست: «آیا فردی به نام "جرج واشینگتن"* وجود داشـته است؟»، "آیا "مارتین لوتر کینگ"* مدافع حقوق مدنی انسان‌ها بود؟»، «عیسی ناصری که بود؟»، آیا "رابرت کندی"* وزیر دادگستری آمریکا بود؟» و «آیا عیسی از مردگان برخاست؟» پاسخ‌گویی به این سـؤالات خارج از حیطه روش علمی اسـت و باید در حیطه روش اثبـات حقوقی-تاریخی قرار گیرد. به عبارت دیگر، روش اثبات علمی که سـعی می‌کند بر اسـاس مشـاهدات، گـردآوری اطلاعـات، فرضیه‌پردازی، اسـتنتاج و تحقیقات آزمایشگاهی نظـام تجربـی موجود در طبیعت را بیابد و تعریف کند، در پاسـخ‌گویی به این دسـته از سؤالات ناتوان است: «آیا می‌توانید رستاخیز عیسی را اثبات کنیـد؟» و «آیـا می‌توانید ثابت کنید که عیسـی پسـر خداسـت؟» اگر ما از روش حقوقی-تاریخی اسـتفاده کنیم باید برای یافتن پاسـخ این سؤالات اعتبار شواهد موجود را مورد بررسی قرار دهیم.

آنچه بیش از همه باعث خوشحالی من می‌شود این است که ایمان مسیحی اعتقادی کورکورانه نیست، بلکه ایمانی مبتنی بر آگاهی است. در کتاب‌مقدس نیز همواره از افراد خواسته شده است که بر اساس ایمانی مبتنی بر آگاهی عمل کنند. عیسای مسیح در یوحنا ۳۲:۸ می‌گوید: «حقیقت را خواهید شناخت، و حقیقت شما را آزاد خواهد کرد.» ما هرگز نباید از حقیقت چشم‌پوشی کنیم. عیسی در پاسخ به این سؤال: «ای استاد، بزرگترین حکم شریعت کدام است؟» عیسی پاسخ داد: «خداوندْ خدای خود را با تمامی دل و با تمامی جان و با تمامی فکر خود محبت نما» (متی۲۲:۳۶-۳۷). ولی مشکل اصلی این است که اغلب افراد درِ قلب خود را به روی مسیح بسته‌اند. آنها به هیچ وجه نمی‌خواهند حقایق مربوط به مسیح را درک کنند. ما باید با فکر خود که با قوت روح‌القدس تازه می‌شود خدا را بشناسیم، با قلب خود او را محبت کنیم و با ارادهٔ خود او را برگزینیم. ما برای جلال دادن خدا و داشتن مشارکت کامل با او باید فکر، قلب و اراده خود را به‌کار گیریم. نظر شما را نمی‌دانم، ولی در مورد خود باید بگویم که نمی‌توانم به‌خاطر مسئله‌ای که فکر و عقل من آن را رد کرده است، قلباً شادی کنم. قلب و فکر ما به‌گونه‌ای آفریده شده‌اند که باید با یکدیگر به صورت هماهنگ عمل کنند. هرگز از ما خواسته نشده است که بدون اندیشیدن و ناآگاهانه قلب خود را به مسیح بسپاریم و او را به‌عنوان نجات‌دهندهٔ خود بپذیریم.

در چهار فصل آتی به بررسی شواهد و اعتبار مدارک مکتوب و شهادت‌های شفاهی و گزارشات شاهدان عینی خواهیم پرداخت.

James B. Conant; George Washington; Martin Luther King; Robert Kennedy;

فصل ۴

آیا گزارشات کتاب‌مقدسی معتبرند؟

عهدجدید نخستین اطلاعات تاریخی را در مورد عیسای مسیح ارائه می‌کند. به همین دلیل نیز بسیاری از منتقدین طی قرن نوزدهم و بیستم سعی کرده‌اند با مطرح کردن فرضیه‌هایی اعتبار گزارشات کتاب‌مقدسی را زیر سؤال ببرند. اتهاماتی که آنها مطرح می‌کنند یا فاقد اساس و بنیادی تاریخی است و یا به دنبال اکتشافات و تحقیقات باستان‌شناسی، کذب بودنِ آنها به اثبات می‌رسد.

روزی در دانشگاه "آریزونا"* سخنرانی می‌کردم. یکی از اساتیدی که به همراه دانشجویان کلاس ادبیات به آنجا آمده بود پس از پایان "بحث آزاد" نزد من آمد و گفت: «آقای "مک‌داول"،* تمام ادعاها و سخنان شما در مورد مسیح بر اساس نوشته‌هایی قدیمی هستند که به قرن دوم میلادی تعلق دارند. من امروز سر کلاس به دانشجویان خود توضیح دادم که کتب عهدجدید مدتی طولانی پس از زمان حیات مسیح نوشته شده‌اند و به همین دلیل نیز نمی‌توانند دقیق و درست باشند.»

من در پاسخ به او گفتم: «عقاید و نتیجه‌گیری‌های شما در مورد عهدجدید ۲۵ سال قبل اعتبار خود را از دست داده‌اند.»

عقاید این استاد در خصوص نوشته‌های مربوط به عیسای مسیح از نتیجه‌گیری‌های منتقدی آلمانی به نام" اف. سی. بور"* نشأت گرفته بود. بور معتقد بود که بسیاری از کتب عهدجدید در اواخر قرن دوم میلادی نوشته شده‌اند. او چنین استنباط کرده بود که کتب عهدجدید از افسانه‌ها و اسطوره‌هایی نشأت گرفته‌اند که طی وقفهٔ طولانی موجود بین زمان حیات مسیح و زمان نگاشته شدن آنها شکل گرفته بود.

ولی در قرن بیستم اکتشافات باستان‌شناسی صحت نسخ خطی

عهدجدید را مورد تأیید قرار داد. کشف نسخ خطی پاپیروسی [نسخه خطی جان رایلند سال ۱۳۰ میلادی، نسخه خطی پاپیروسی چستر بیتی سال ۱۵۵ م. و نسخهٔ خطی پاپیروسی بادمر دوم در سال ۲۰۰ م.] وقفهٔ موجود بین زمان حیات مسیح و زمان نوشته شدن آنها را کاهش داد.

«میلار بورز»* از اساتید دانشگاه ییل می‌گوید: «مقایسه نسخ یونانی عهدجدید با نسخه‌های پاپیروسی کشف شده نشان می‌دهد که مطالب آن به درستی و با دقت منتقل شده‌اند.»(۱) چنین اکتشافاتی اعتبار کتاب‌مقدس را از لحاظ علمی بالا می‌برند.

"ویلیام آلبرایت"* که از سرشناسترین باستان‌شناسان کتاب‌مقدسی در دنیاست می‌نویسد: «امروزه بسیاری از منتقدین افراطی معتقدند که کتب عهدجدید بین سال‌های ۱۳۰-۱۵۰ میلادی نوشته شده‌اند ولی ما می‌توانیم به‌طور قطعی و با اطمینان بگوییم که تمام شواهد موجود حاکی از این امر هستند که کلیه کتب عهدجدید تا سال ۸۰ م. یعنی دو نسل جلوتر از تاریخی که این منتقدین اعلام کرده‌اند، نگاشته شده‌اند.»(۲) او در مصاحبه‌ای با مجلهٔ "مسیحیت امروز"[1] می‌گوید: «به عقیدهٔ من کتب عهدجدید توسط یهودیان تعمید گرفته و بین سال‌های ۴۰ تا ۸۰ م. (به احتمال قوی‌تر بین سال‌های ۵۰ تا ۷۵ م.) نوشته شده‌اند.»(۳)

"سر ویلیام رمزی"* از برجسته‌ترین باستان‌شناسان دنیا به شمار می‌رود. او پیشتر در یکی از مکاتب تاریخی آلمان آموخته بود که اگرچه ادعا می‌شود کتاب اعمال رسولان در قرن اول میلادی نوشته شده است ولی در حقیقت تاریخ نگارش این کتاب به اواسط قرن دوم میلادی بازمی‌گردد. او پس از مطالعهٔ انتقادات نوینی که بر کتاب اعمال رسولان وارد شده بود، متقاعد شد که این کتاب منعکس‌کننده حقایق و حوادث آن زمان (یعنی ۵۰ م.) نیست و به همین دلیل نیز نباید مورد توجه تاریخ‌شناسان قرار گیرد. از این‌رو در تحقیقاتی که در مورد تاریخ آسیای صغیر انجام می‌داد به کتب عهدجدید اعتنایی نکرد. بالاخره تحقیقات وی او را مجبور کرد تا به مطالعه نوشته‌های لوقا بپردازد. آنچه در این

---

1. Christianity Today

نوشته‌ها توجه او را به خود جلب کرد درستی وقایع و جزئیات تاریخی بود و همین امر به‌تدریج نگرش او را نسبت به کتاب اعمال رسولان تغییر داد. او در نهایت چنین نتیجه‌گیری کرد: «لوقا مورخی درجه یک است... و ما باید او را از جمله مورخین بزرگ جهان بدانیم.»[۴] درستی و مطابقت جزئیات تاریخی "ویلیام رمزی" را قانع کرد که تاریخ نگارش کتاب اعمال رسولان به قرن دوم میلادی مربوط نیست، بلکه به اواسط قرن اول میلادی برمی‌گردد.

بسیاری از محققین لیبرال مجبور شدند تاریخ نگاشته شدن کتب عهدجدید را به قبل از قرن اول نسبت دهند. نتیجه‌گیری‌های او در کتاب جدیدش به نام "تعیین مجدد تاریخ نگارش کتب عهدجدید" بسیار افراطی می‌باشد. او به دنبال تحقیقاتی که انجام داد متقاعد شد که کلیهٔ کتب عهدجدید پیش از سقوط اورشلیم در سال ۷۰ م. نوشته شده‌اند.[۵]

امروزه منتقدین فرم (شکل) معتقدند که مطالب عهدجدید پیش از آنکه نوشته شوند به صورت روایت شفاهی به افراد مختلف منتقل شده‌اند. اگرچه دورانی که به روایت شفاهی اختصاص داده شده است کوتاه‌تر از دورانی است که قبلاً اعلام شده بود، ولی با وجود این آنها معتقدند که نوشته‌های انجیل در ابتدا به صورت داستان‌های عامیانه (مانند:افسانه، اسطوره، حکایت و قصه) بوده‌اند.

یکی از انتقادات عمده‌ای که بر نظریه روایت شفاهی وارد است این است که مدت زمانی که آنها به روایت شفاهی اختصاص داده‌اند آنقدر طولانی نیست که مطالب عهدجدید را دستخوش تغییراتی کند که منتقدین فرم ادعا می‌کنند. در مورد کوتاهی مدت زمانی که برای نگارش عهدجدید در نظر گرفته شده است، "سایمون کیستمیکر"،* استاد الاهیات در دانشگاه "درت"* می‌نویسد: «برای گردآوری داستان‌های عامیانه‌ای که میان افرادی با فرهنگ بدوی رواج دارد چندین نسل زمان لازم است. و در واقع این امر روندی تدریجی است که چندین قرن به طول می‌انجامد. ولی اگر عقیدهٔ منتقدین فرم را بپذیریم باید چنین استنباط کنیم که داستان‌های انجیل در مدت زمانی کمی بیشتر از یک نسل خلق و گردآوری شده‌اند.

بر اساس دیدگاه منتقدین فرم مطالب انجیل در مدت زمان کمی گردآوری شده‌اند.»(۶)

"ای. اچ. مک‌نیل"،* استاد پیشین الاهیات در دانشگاه "دابلین"* با عقیدهٔ روایت شفاهی که منتقدین فرم آن را مطرح کرده‌اند به‌شدت مخالف است. او خاطرنشان می‌سازد که منتقدین فرم روایت سخنان عیسی را به‌دقت مورد توجه قرار نداده‌اند. اول قرنتیان ۷:۱۰، ۱۲ و ۲۵ نشان می‌دهند که این روایات به‌دقت نگاشته شده‌اند و به صورت دست نخورده باقی مانده‌اند. در مذهب یهود رسم بر این بود که شاگردان سخنان استاد خود را به‌خاطر بسپارند. شاگرد خوب مانند منبع آبی است که حتی یک قطره آب از آن نمی‌چکد. (میشنا، ابوت، جلد دوم، صفحه ۸). اگر ما نظریه "سی. اف. بارنی"* (در *کتاب شعر خداوند ما*، ۱۹۲۵) را بپذیریم، می‌توانیم چنین استنباط کنیم که بسیاری از تعالیم خداوند ما به‌صورت منظوم بوده است و همین امر به‌خاطر سپردن آنها را آسانتر می‌سازد.(۷)

"پائول ال. مایر"* استاد تاریخ باستانی در دانشگاه "وسترن میشیگان"* می‌نویسد: «این عقیده که مسیحیت افسانه قیام مسیح را طی سالیان متمادی طرح‌ریزی کرده است، و یا بین زمان نوشته شدن کتب عهدجدید و زمان حیات مسیح وقفه طولانی‌ای وجود دارد نمی‌تواند مبتنی بر حقیقت باشد.»(۸) "آلبرایت" پس از مطالعهٔ دیدگاه منتقدین فرم می‌نویسد: «امروزه تنها محققینی که در کار خود از دید و روش‌های تاریخی کمک نمی‌گیرند می‌توانند چنین فرضیه‌های توخالی ای را ارائه کنند، مانند منتقدین فرم که با عقاید نادرست خود روایات انجیل را زیر سؤال می‌برند.» عقیده شخصی "آلبرایت" این است: «۲۰ تا ۵۰ سال برای ایجاد تغییرات محسوس در محتوای اناجیل و سخنان عیسی مدت زمان بسیار کمی است.»(۹)

اغلب هنگامی که در مورد کتاب‌مقدس با افراد صحبت می‌کنم، آنها به صورت کنایه‌آمیزی می‌گویند که نمی‌توانند به آنچه که در کتاب‌مقدس نوشته شده است اعتماد کنند، چون این کتاب حدود ۲۰۰۰ سال قبل نوشته شده است و مملو از اشتباه و تضاد می‌باشد. من در پاسخ به آنها می‌گویم که به نظر من کتاب‌مقدس کاملاً قابل اعتماد است. سپس در

مـورد واقعـه‌ای صحبت می‌کنم که یک بار در هنگام سـخنرانی در کلاس تاریخ رخ داد. من در حین سخنرانی خود گفتم: «میزان شواهدی که اعتبار عهدجدیـد را به اثبات می‌رسـانند بیش از شـواهدی اسـت کـه اعتبار ده شـاهکار ادبیات کلاسیک را ثابت می‌کنند.» استاد آنها که در گوشه کلاس نشسـته بود لبخند تمسخرآمیزی بر لب داشت و انگار می‌گفت: «اُه خدای من این مرد چه می‌گوید؟!» به او گفتم: «چه چیزی باعث خنده شما شده است؟» او گفت : «چطور به خود جسـارت می‌دهید که سر کلاس تاریخ چنین ادعای مسـخره‌ای بکنیـد و بگویید عهدجدید معتبـر و قابل اعتماد است؟» زمانی که افراد چنین برخوردی با من می‌کنند خوشحال می‌شوم، چـون بلافاصله سـؤالی را مطرح می‌کنم که هرگز پاسـخ مثبتی به آن داده نمی‌شـود. سـؤال من این بود: «بسیار خوب آقا، شما به‌عنوان تاریخ‌شناس بگویید که با اسـتفاده از چه معیارهایی پی می‌برید که نوشـته‌های تاریخی قابل اعتماد و معتبر هسـتند؟» در کمال تعجب، او نتوانسـت به سـؤال من پاسـخ دهد. ولی در عوض به او گفتم: «من می‌توانم چند معیار را معرفی کنم.» من معتقدم که برای تعیین اعتبار تاریخی کتاب‌مقدس باید از همان معیارهایی اسـتفاده کرد که برای سـنجش میزان اعتبار سـایر نوشـته‌های تاریخی به کار می‌روند. تاریخ‌شناسـی نظامی به نام "سـی. سـندرز"* سـه اصل بنیادین را برای مطالعات تاریخ شـناختی معرفی می‌کند، که عبارتند از:آزمون کتاب‌شناسی، آزمون شواهد درونی و آزمون شواهد بیرونی.(۱۰)

آزمون کتاب‌شناسی

آزمون کتاب‌شناسی عبارت است از بررسی روند انتقال متون از نسخهٔ اولیـه تا نسـخه‌ای که هم‌اکنون در اختیار ما قـرار دارد. به عبارت دیگر، از آنجایی که نسخهٔ اصلی را در اختیار نداریم و با توجه به تعداد نسخ خطی و وقفه‌ای که بین زمان نگارش نسخهٔ اصلی و نسـخهٔ کنونی وجود دارد، چگونـه می‌توانیـم میزان اعتبار نسـخه‌ای را که هم‌اکنون در دسـت داریم تعیین کنیم؟

عهدجدید در مقایسه با سایر کتب تاریخی مهم دارای بیشترین نسخ خطی است که اعتبار آنها نیز به اثبات رسیده است.

از تاریخ "تاسیدیدس"* (۴۰۰-۴۶۰ ق. م.) فقط ۸ نسخهٔ خطی به ما رسیده است که تاریخ نگارش آنها به ۹۰۰ میلادی، یعنی ۱۳۰۰ سال پس از زمان نگارش نسخه اصلی آن، بازمی‌گردد. به همین ترتیب، نسخه‌های خطی‌ای که از تاریخ "هرودتس"* وجود دارند نیز نادر و مربوط به زمان‌های اخیر می‌باشند. "اف. اف. بروس"* چنین نتیجه‌گیری می‌کند: «اگرچه قدیمی‌ترین نسخه‌های خطی از تاریخ هرودتس و تاسیدیدس ۱۳۰۰ سال پس از نسخی اصلی نوشته شده‌اند، ولی صحت و اصالت آنها به هیچ وجه مورد تردید باستان‌شناسان و تاریخ‌شناسان قرار ندارد.»(۱۱)

ارسطو اشعار خود را در سال ۳۴۳ ق. م. نوشته است، در حالی که قدیمی‌ترین نسخه‌ای که در اختیار ما قرار دارد مربوط به ۱۱۰۰ میلادی یعنی تقریباً ۱۴۰۰ سال پس از زمان نگارش آن می‌باشد و تنها ۵ نسخه خطی از آن وجود دارد.

سزار تاریخ جنگ‌های سرزمین گُل (فرانسه) را بین سال‌های ۵۰-۵۸ ق. م. نوشته است و تقریباً ۱۰ رونوشت از نسخه خطی آن وجود دارد که ۱۰۰۰ سال پس از مرگ او نگاشته شده‌اند.

وجود نسخه‌های خطیِ بسیار از عهدجدید، که به هیچ وجه از حیث تعداد با نسخ موجود از سایر کتب تاریخی قابل قیاس نیست، کار بررسی اعتبار آنها را دشوار می‌سازد. پس از کشف نسخه‌های خطی پاپیروسی که وقفهٔ موجود بین زمان حیات مسیح و زمان نوشته شدن کتب عهدجدید را کاهش داد، نسخ خطی متعدد دیگری نیز به‌دست آمد. امروزه بیش از ۰۰۰ ,۲۰ رونوشت از نسخهٔ خطی عهدجدید وجود دارد. ۶۴۳ نسخه خطی از کتاب *ایلیاد* وجود دارد که پس از عهدجدید بیشترین نسخ خطی را دارا می‌باشد.

"سر فردریک کنیون"* که مدیر و کتابدار موزه بریتانیا و کارشناس نسخ خطی است می‌گوید: «وقفه‌ای که بین تاریخ نگارش کتب عهدجدید و قدیمی‌ترین رونوشت آن وجود دارد به‌قدری ناچیز است که حتی

می‌توان از آن چشم‌پوشی کرد. جای هیچ شک و تردیدی وجود ندارد که رونوشتی که امروزه از عهدجدید در اختیار ما قرار دارد با نسخۀ خطی اصلی آن کاملاً مطابقت دارد. می‌توان گفت که درستی و اصالت کتب عهدجدید به اثبات رسیده است.»(۱۲)

محقق یونانی عهدجدید به نام "جی. هارولد گرینلی"* می‌نویسد: «حال که محققین، کتب تاریخی کهنی را معتبر می‌دانند که وقفه‌ای طولانی بین زمان نگارش نسخۀ اصلی و قدیمی‌ترین رونوشت آنها وجود دارد و امروزه نیز نسخ خطی بسیار کمی از آنها موجود است، پس می‌توان گفت که اعتبار کتب عهدجدید باید برای ما کاملاً محرز و قابل قبول باشد.»(۱۳)

با به کارگیری آزمون کتاب‌شناسی به این نتیجه می‌رسیم که نسخ خطی عهدجدید بیش از نسخ خطی کتب دیگر معتبر و قابل اعتماد هستند. علاوه بر آن کتب عهدجدید بیش از ۱۰۰ سال مورد نقادی دقیق و عمیق منتقدان مختلف قرار گرفته‌اند و در نهایت آنچه به اثبات رسیده است درستی و اصالت آنها است.

آزمون شواهد درونی

آزمون کتاب‌شناسی ثابت کرد که متونی که امروزه در اختیار داریم با متون اصلی و اولیه کاملاً مطابقت دارند. ولی سؤالی که هنوز هم بدون پاسخ مانده است این است که آیا این گزارشات مکتوب معتبر هستند یا خیر، و اگر معتبرند میزان اعتبار آنها چقدر است؟ پاسخ دادن به این سؤال بر عهدۀ آزمون شواهد درونی است که توسط "سی. سندرز" مطرح شده است.

در این خصوص، منتقدین هنوز هم از قانون ارسطو متابعت می‌کنند: «در بررسی متونی که اعتبار و درستی آنها مورد تردید قرار دارد، هدف منتقدان باید تعیین صحت یا سقم مطالب موجود باشد و آنها نباید به دنبال سود و منفعت فردی خود باشند.»

"جان و. مونتگومری"* آن را به اختصار چنین بیان می‌کند: «ما باید

متن مورد نظر را به‌دقت مورد بررسی قرار دهیم و تا زمانی که تضاد و اشتباهات فاحشی را که نشان‌دهندهٔ عدم صلاحیت نویسنده هستند، در آن نیابیم نباید آن را اشتباه و فاقد اعتبار قلمداد کنیم.»(۱۴)

دکتر "لوئیز گادسچاک"* استاد پیشین تاریخ در دانشگاه شیکاگو، روش مطالعات تاریخی خود را در کتابی راهنما عنوان کرده است و محققین بسیاری در تحقیقات تاریخی خود از این کتاب کمک گرفته‌اند. "گادسچاک" می‌نویسد که قابلیت نویسنده یا شاهدان برای بیان حقایق می‌تواند به تاریخ‌شناسان کمک کند تا به میزان اعتبار آن نوشته پی ببرند، «این امر حتی در مورد متونی که با اِعمال زور و فریب افراد یا به کمک شاهدان ذی‌نفع یا بر اساس شایعه به‌دست آمده باشند و یا به‌نوعی مشکوک و مورد تردید باشند نیز صدق می‌کند.»(۱۵)

"قابلیت بیان حقایق" کاملاً منوط به نزدیکی مکانی و زمانی شاهدان به واقعهٔ مورد نظر می‌باشد. گزارشات عهدجدید از زندگی و تعالیم عیسی توسط افرادی نوشته شده‌اند که یا خود از شاهدان عینی بودند و یا با شاهدان عینی در ارتباط بوده‌اند.

لوقا ۱:۱-۳ می‌گوید: «از آنجا که بسیاری دست به تألیف حکایت اموری زده‌اند که نزد ما به انجام رسیده است، درست همان‌گونه که آنان که از آغاز شاهدان عینی و خادمان کلام بودند به ما سپردند، من نیز که همه چیز را از آغاز به‌دقّت بررسی کرده‌ام، مصلحت چنان دیدم که آنها را به شکلی منظم برای شما، عالیجناب تِئوفیلوس، بنگارم.»

دوم پطرس ۱۶:۱ می‌گوید: «زیرا ... از پی افسانه‌هایی که زیرکانه ابداع شده باشند نرفته بودیم، بلکه کبریای او را به چشم دیده بودیم.»

اول یوحنا ۳:۱ می‌گوید: «ما آنچه را دیده و شنیده‌ایم به شما نیز اعلام می‌کنیم تا شما نیز با ما رفاقت داشته باشید؛ رفاقت ما با پدر و با پسرش عیسی مسیح است.»

یوحنا ۳۵:۱۹ می‌گوید: «آن که این را دید، شهادت می‌دهد تا شما نیز ایمان آورید. شهادت او راست است و او می‌داند که حقیقت را می‌گوید.»

لوقا ۱:۳ می‌گوید: «در پانزدهمین سالِ فرمانروایی تیبِریوسِ قیصر، هنگامی که پُنتیوس پیلاتُس والی یهودیه بود، هیرودیس حاکم جلیل، برادرش فیلیپُس حاکم ایتوریه و تْراخونیتیس، لیسانیوس حاکم آبیلینی.»

نزدیکی شاهدان عینی به وقایع مورد نظر درستی گزارشات آنها را تصدیق می‌کند. در هر صورت، تاریخ‌شناسان با شاهدان عینی‌ای نیز سر و کار دارند که علی‌رغم نزدیکی به وقایع مورد نظر و دارا بودن قابلیت بیان حقایق، آگاهانه یا ناآگاهانه مبادرت به بیان اکاذیب می‌کنند.

گزارشات عهدجدید در مورد عیسای مسیح زمانی منتشر شد که افراد هم‌دورهٔ او در قید حیات بودند. این افراد مطمئناً می‌توانستند صحت یا سقم این گزارشات را تعیین کنند. زمانی که رسولان مسیح در حال موعظه انجیل بودند نیز مطالب مشابهی را در مورد عیسی عنوان می‌کردند (حتی زمانی که با سرسخت‌ترین مخالفین روبه‌رو می‌شدند.) آنها نه تنها می‌گفتند: «ما شاهد این وقایع بودیم» یا «ما این سخنان را شنیده‌ایم»، بلکه جسورانه و با شهامت در مقابل سرسخت‌ترین منتقدان می‌ایستادند و می‌گفتند: «شما نیز اینها را می‌دانید... شما خود شاهد این وقایع بوده‌اید... شما از این امر آگاه هستید.» البته آنها در بیان این جملات نزد مخالفان خود باید محتاطانه عمل می‌کردند، چون اگر اشتباه می‌کردند، مجبور می‌شدند حرف خود را پس بگیرند و ادعاهای کذب آنها را بپذیرند.

اعمال ۲۲:۲ می‌گوید: «ای قوم اسرائیل، این را بشنوید: چنان که خود آگاهید، عیسای ناصری مردی بود که خدا با معجزات و عجایب و آیاتی که به‌دست او در میان شما ظاهر ساخت، بر حقانیتش گواهی داد.»

اعمال ۲۴:۲۶-۲۶ می‌گوید: «چون پولُس با این سخنان از خود دفاع می‌کرد، فِستوس فریاد زد: «پولُس، عقل خود را از دست داده‌ای! دانش بسیار، تو را دیوانه کرده است.» پولُس پاسخ داد: «دیوانه نیستم، عالیجناب فِستوس، بلکه در کمال هوشیاری عین حقیقت را بیان می‌کنم. پادشاه خود از این امور آگاهند و من نیز بی‌پرده با ایشان سخن می‌گویم، زیرا یقین دارم هیچ یک از اینها از نظرشان دور نمانده است، چون چیزی نبوده که در خلوت روی داده باشد.»

"اف. اف. بـروس"، اسـتاد نقـادی و تفسـیر کتاب‌مقدس در دانشـگاه "منچسـتر"* در مـورد اعتبار و صحت نسـخۀ اصلی عهدجدید می‌گوید: «رسـولان مسیح نه تنها با شـاهدانی عینی سر و کار داشتند که مشتاقانه به موعظـات آنها گوش می‌دادند، بلکه با افرادی نیز روبه‌رو بودند که اگرچه از حقایق خدمت و مرگ مسیح آگاه بودند ولی چندان هم از آن خرسـند نبودند. رسولان نمی‌توانستند با بیان مطالب کذب و نادرست موقعیت خود را به مخاطره بیاندازند (منظور تغییر تعمدی حقایق است)، چون مخالفین آنها که از این وقایع آگاهی کامل داشتند در پی چنین فرصتی بودند تا آنها را رسـوا کنند. از سـوی دیگر، یکی از نقاط قوت کار رسـولان این بود که آنها همواره به اموری اشـاره می‌کردند که شنوندگان از آنها آگاهی داشتند و همین امر باعث اعتماد آنها به رسـولان می‌شـد. آنها نه تنها می‌گفتند: "ما شاهد این وقایع بودیم"، بلکه می‌گفتند: "چنان که خود آگاهید..." (اعمال رسولان۲:۲۲). حتی اگر رسولان نیز سعی می‌کردند حقایق را تغییر دهند مطمئنـاً شـاهدان مخالف حاضر در آنجـا این امر را برمـلا می‌کردند. این مخالفین عوامل اصلاح‌کننده‌ای به شمار می‌رفتند.»[۱۱]

"لارنس جی. مک‌گینلی"* استاد دانشکده "سنت پیتر"* در مورد اهمیت وجود شـاهدان مخالف در رابطه با وقایع مکتوب در اناجیل می‌نویسـد: «قبل از هر چیز باید گفت که شاهدان عینی تا زمانی که این روایات به‌طور کامـل شـکل گرفتنـد در قید حیات بودنـد و در بین آنها مخالفینی وجود داشـتند که این جنبش نوین مذهبی آنها را نگران کرده بود. از آنجایی که در ایـن روایات مطالب و تعالیمی مطرح شـده‌اند که همگان از آنها اطلاع داشتند، پس می‌توان نتیجه گرفت که اگر مطالب کذبی مطرح می‌شدند مردم مطمئناً به مخالفت برمی‌خاستند.»[۱۶]

"رابـرت گرنـت"* محقـق عهدجدید در دانشـگاه شـیکاگو، می‌گوید: «در مـدت زمانـی کـه ممکن اسـت اناجیل هم‌نظر[۱] نوشـته شـده باشـند شـاهدانی عینی وجـود داشـتند کـه مطمئنـاً در نوشـتن ایـن اناجیل از

---

۱. میـان سـه انجیل اول (متی، مرقس و لوقا) از نظر محتوی و طرز بیان شباهت‌های بسیاری وجود دارد و به همین دلیل به آنها "اناجیل هم‌نظر" یا "اناجیل هم‌دید" گفته می‌شود. م.

شهادات آنها نیز استفاده شده است... این امر بدان معناست که می‌توان اناجیل را از معتبرترین شاهدان زندگی، مرگ و رستاخیز مسیح دانست.»(۱۷)

"ویل دورانت"* دانشجوی رشتۀ تحقیقات تاریخی که ایام عمر خود را صرف بررسی کتب باستانی و تاریخی کرده بود، می‌نویسد: «رسولان علی‌رغم تمام تعصبات و پیش‌پندارهای الاهیاتی خود وقایعی را به نگارش درآورده‌اند که اگر واقعاً قصد تحریف حقایق را داشتند هرگز آنها را ثبت نمی‌کردند. این وقایع عبارتند از: رقابت رسولان برای کسب جایگاه بالاتر در ملکوت خدا، فرار آنها پس از دستگیری عیسی، انکار پطرس، ممانعت عیسی از انجام معجزه در جلیل، اشارات برخی از افراد به دیوانه بودنِ عیسی، تردید اولیۀ او در مورد مأموریتش، اعتراف او مبنی بر نداشتن آگاهی از برخی از وقایع آینده، لحظات تلخ زندگی عیسی و نالۀ ناامیدانه او بر صلیب. خواننده این وقایع نمی‌تواند نسبت به حقیقت وجود شخصیت اصلی آنها شک و تردید به خود راه دهد. این امر که چند انسان عادی از یک نسل توانسته‌اند چنین شخصیت قدرتمند و جذابی را با اخلاقیات والا، و چنین تصویر الهام‌بخشی از انسان‌دوستی را خلق کنند بیش از تمام معجزات مذکور در اناجیل باعث حیرت ما می‌شود. داستان زندگی، شخصیت و تعالیم مسیح پس از اینکه دو قرن پیاپی زیر ذره‌بین منتقدان مورد نقادی قرار گرفت، بی‌عیب و نقص بیرون آمد و مهم‌ترین و جذاب‌ترین بخش از تاریخ غرب را تشکیل داد.»(۱۸)

آزمون شواهد بیرونی

سومین آزمون در مطالعات تاریخ‌شناختی آزمون شواهد بیرونی است. سؤالی که این آزمون باید به آن پاسخ دهد این است که آیا سایر مدارک تاریخی شهادات مذکور در کتاب‌مقدس را تأیید می‌کنند یا خیر؟ به‌عبارت دیگر چه منابع دیگری وجود دارند که می‌توانند اعتبار، صحت و اصالت کتب عهدجدید را به اثبات برسانند؟

"گادسچاک" می‌نویسد: «می‌توان از طریق تعیین میزان *مطابقت و همخوانی* متن مورد نظر با حقایق تاریخی و علمی مهم صحت یا سقم شهادت شاهدان را تعیین کرد.»(۱۵)

دو تن از دوستان یوحنای رسول شواهد درونی انجیل یوحنا را تأیید می‌کنند. تاریخ‌شناسی به نام "یوسبیوس"* به نقل از "پاپیاس"* اسقف هیراپولیس، می‌نویسد: «یوحنای شیخ چنین می‌گوید: "مرقس کاتب پطرس رسول بود و تمام موعظات پطرس را در مورد تعالیم و اعمال مسیح به نگارش درمی‌آورد، که البته در نگارش خود ترتیب زمانی آن وقایع را رعایت نکرده است. رعایت نکردن ترتیب زمانی به دو علت می‌باشد: اولین دلیل این است که مرقس از شاگردان و از شنوندگان مستقیم سخنان عیسی نبود، بلکه بعدها سخنان پطرس را در مورد او یادداشت کرده بود و دلیل دوم این است که هدف پطرس از موعظه کردن، گردآوری مجموعه‌ای منظم و مرتب از سخنان عیسی نبود، بلکه او بر اساس مقتضیات موجود موعظه می‌کرد. بنابراین، این امر نشان دهنده اشتباه بودن گزارشات مرقس نیست، بلکه او آنچه را که شنیده است به‌دقت به نگارش درآورده است. او کاملاً دقت کرده است تا چیزی از سخنان او را از قلم نیندازد و یا چیزی را به شیوه‌ای نادرست منتقل نکند."»(۱۹)

"آیرنیوس"* اسقف لیونز (۱۸۰ م. آیرنیوس شاگرد "پلی‌کارپ"* اسقف اسمیرنا، بود که خود پلی‌کارپ مدت ۸۶ سال از عمر خود را به پیروی از مسیح پرداخته بود و از شاگردان یوحنای رسول به شمار می‌رفت.) می‌نویسد: «هنگامی که متی انجیل خود را در میان عبرانیان (یعنی یهودیان) و به زبان آنها به نگارش درمی‌آورد، پطرس و پولس در شهر رُم مشغول موعظه انجیل و تأسیس کلیسا بودند. پس از مرگ پطرس و پولس [در هنگام جفای نرون در سال ۶۴ میلادی][1] مرقس که شاگرد و کاتب پطرس بود، مبادرت به نگاشتن موعظات او کرد. لوقا

---

۱. طبق روایات موجود، پطرس و پولس در اولین جفای رسمی دولتی در هنگام حکومت نرون، قیصر روم، به شهادت رسیدند. م.

نیز که از شـاگردان پولس رسـول بود، انجیل خود را بر اسـاس موعظات او بـه نگارش درآورد. یوحنا که از شـاگردان مسـیح بـود و محبوب‌ترین شـاگرد وی به شـمار می‌رفت (یوحنا ۲۵:۱۳ و ۲۰:۲۱) بر اساس آنچه که خود دیده و شـنیده بود انجیل خود را در شـهر افسـس در آسیا به نگارش درآورد.»[۲۰]

باستان‌شناسـی شواهد بیرونی ارزشـمندی را ارائه می‌کند. اگرچه این شـواهد الهامی بـودن عهدجدید را بـه اثبات نمی‌رسـانند، ولی درسـتی وقایع مذکور در آن را تأیید می‌کنند. باستان‌شناسـی به نام "ژوزف فری"* می‌نویسد: «اکتشافات باستان‌شناسی صحت متونی را مورد تأیید قرار داده است که زمانی منتقدان آنها را مغایر با حقایق تاریخی مهم می‌دانستند.»[۲۱]

تحقیقات باستان‌شناسـی نگرش منفی "سـر ویلیام رمزی" را در مورد لوقـا و کتاب اعمال رسـولان تغییـر داد و او را متقاعد سـاخت که کتاب اعمـال وضعیـت جغرافیایـی، تاریخـی و اجتماعی آسـیای صغیر را در آن هنگام به‌درستی شرح داده است.

"اف. اف. بروس" می‌نویسد: «کشف برخی از کتیبه‌ها (شواهد بیرونی) صحت و درسـتی نوشـته‌های لوقا را که زمانی مورد تردید قرار داشتند، به اثبات رسـاند. این امر نه تنها در مورد نوشـته‌های لوقا صادق اسـت بلکه می‌توان گفت که تحقیقات و اکتشـافات باستان‌شناسـی صحت و درسـتی تمام کتب عهدجدید را به اثبات رسانده‌اند.»[۲۲]

"ای. ان. شـروین – وایـت"* کارشـناس تاریـخ باسـتانی، می‌نویسـد: «شـواهد تاریخی بسیاری وجود دارند که صحت کتاب اعمال رسـولان را به اثبات می‌رسانند.» او می‌افزاید: «امروزه، می‌توان گفت که تمام ادعاهای مربوط به نادرسـت بـودن جزئیـات تاریخـی مذکور در کتب عهدجدید کاملاً بی‌اسـاس و نامعقول هسـتند. کارشناسـان تاریـخ روم مدت زیادی است که به این نتیجه رسیده‌اند.»[۲۳]

مـن بـرای اثبات این امر که کتاب‌مقدس از لحـاظ تاریخی فاقد اعتبار اسـت تلاش‌های زیادی کـردم ولی در نهایت به نتیجه عکس آن رسـیدم یعنـی متوجه شـدم که کتاب‌مقدس از لحـاظ تاریخـی کاملاً قابل اعتماد و

معتبر اسـت. اگر ما کتاب‌مقدس را فاقد اعتبار بدانیم باید تمام نوشـته‌های تاریخی و باسـتانی دیگر را نیز بی‌اعتبار تلقی کنیم. اشـکال کار بسیاری از افراد این اسـت که برای تعیین میـزان اعتبار کتاب‌مقدس از همان معیارها و آزمون‌هایی اسـتفاده نمی‌کنند که برای تعیین اعتبار سـایر کتب تاریخی بـه کار می‌روند. ما صرف نظر از نـوع متنی که در اختیار داریم (مذهبی یا غیرمذهبی) باید از آزمون‌های مشابهی استفاده کنیم. ما با انجام این کار به این نتیجه خواهیم رسید که: «کتاب‌مقدس در خصوص شهادات خود در مورد عیسی کاملاً قابل اعتماد و از لحاظ تاریخی موثق و معتبر می‌باشد.»

دکتر "کلارک اچ. پیناک"، استاد الاهیات نظام‌مند در دانشگاه "ریجنت"* می‌نویسـد: «کتاب‌مقـدس تنهـا کتابی اسـت که به‌وسـیلهٔ ادلـهٔ تاریخی و مکتـوب بسـیاری تأییـد شـده اسـت و تنها کتابی اسـت کـه مجموعه‌ای ارزشـمند از اطلاعات تاریخی‌ای را ارائه می‌کند که می‌توان بر اساس آنها تصمیم‌گیـری عاقلانه‌ای کرد. انسـان‌های آگاه و شـریف هرگز نمی‌توانند چنیـن کتابی را نادیـده بگیرند. با وجود مدارک تاریخی‌ای که مسـیحیت را تأییـد می‌کنند می‌توان گفت که مکتب شـک‌گرایی بر اسـاس تعصباتی نامعقول (یعنی مخالفت با امور مافوق طبیعی) بنا نهاده شده است.»(۲۴)

Arizona; McDowell; F. C. Baur; Millar Burrows; William Albright; Sir William Ramsay; Simon Kistemaker; Dordt; A. H. McNeile; Dublin; C. F. Burney; Paul L. Maier; Western Michigan; C. Sanders; Thucydides; Herodotus; F. F. Bruce; Sir Fredric Kenyon; J. Harold Greenlee; John W. Montgomery; Louis Gottschalk; Manchester; Lawrence J. McGinley; Saint Peter; Robert Grant; Will Durant; Eusebius; Papias; Irenaeus; Polycarp; Joseph Free; A. N. Sherwin–White; Regent

فصل ۵

چه کسی حاضر می‌شود به‌خاطر یک دروغ جان خود را فدا کند؟

مخالفین مسیحیت همواره سعی دارند دگرگونی زندگی رسولان مسیح را نادیده بگیرند. زندگی دگرگون‌شدهٔ آنها بهترین گواهی است که اعتبار و صحت ادعاهای مسیح را به اثبات می‌رساند. از آنجایی که ایمان مسیحی ریشه در گذشته‌ای دور دارد، برای تحقیق در مورد آن باید از شهادت‌های شفاهی و کتبی کمک گرفت.

تعاریف مختلفی از "تاریخ" وجود دارد و تعریفِ مورد پسند من عبارت است از: «شناخت گذشته بر اساس شهادت‌های موجود.» اگر افراد بگویند: «به نظر ما این تعریف، تعریف خوبی نیست»، از آنها می‌پرسم: «آیا به نظر شما ناپلئون وجود داشته است؟» آنها معمولاً پاسخ می‌دهند: «بله»، سپس می‌پرسم: «آیا او را به چشم خود دیده‌اید؟» و آنها پاسخ می‌دهند: «خیر»، و من می‌گویم: «پس از کجا می‌دانید که او وجود داشته است؟» پاسخ این سؤال نیز روشن است: «بر اساس شهادات موجود.»

این تعریف یک مشکل اساسی دارد و آن این است که شهادات موجود باید معتبر باشند وگرنه باعث گمراهی شنونده خواهند شد. شناخت مسیحیت مستلزم شناخت گذشته بر اساس شهادت‌های موجود است. حال سؤالی که مطرح می‌شود این است: «آیا شهادات شفاهی اولیه در مورد عیسی قابل اعتماد و درست هستند؟ آیا این شهادات سخنان و اعمال عیسی را به‌درستی منتقل کرده‌اند؟» من معتقدم که این شهادات کاملاً قابل اعتماد هستند.

من به شهادات رسولان اعتماد دارم، چون یازده نفر از آنها (دوازده رسول) به‌خاطر ایمان داشتن به دو چیز به شهادت رسیدند: «ایمان به رستاخیز مسیح و پسر خدا بودنِ او.» آنها به‌خاطر اعتقاد خود شکنجه شدند، شلاق خوردند و در نهایت به یکی از بی‌رحمانه‌ترین روش‌های آن عصر به شهادت رسیدند:

۱) پطرس – مصلوب شد.

۲) اندریاس – مصلوب شد.

۳) متی – به ضرب شمشیر کشته شد.

۴) یوحنا – به مرگ طبیعی مرد.

۵) یعقوب، پسر حلفی – مصلوب شد.

۶) فیلیپس – مصلوب شد.

۷) شمعون – مصلوب شد.

۸) تادئوس – با نیزه کشته شد.

۹) یعقوب، برادر عیسی – سنگسار شد.

۱۰) توما – با نیزه کشته شد.

۱۱) برتولما – مصلوب شد.

۱۲) یعقوب، پسر زبدی – به ضرب شمشیر کشته شد.

مخالفین پس از شنیدن سخنان من می‌گویند: «سخنان شما چیزی را ثابت نمی‌کند. چون در طی تاریخ عده زیادی به‌خاطر چیزهای دروغین جان خود را از دست داده‌اند.»

درست است، عده زیادی به‌خاطر چیزهای دروغین جان خود را فدا کرده‌اند ولی نکته مهم این است که آنها فکر می‌کردند که آن چیزها حقیقت دارند. حال اگر فرض کنیم که رستاخیز مسیح صورت نگرفته بود (یعنی حقیقت نمی‌داشت) شاگردان او باید از آن اطلاع می‌داشتند. نمی‌توان تصور کرد که آنها فریب خورده باشند. بنابراین نمی‌توان چنین نتیجه‌گیری کرد که یازده شاگرد مسیح به‌خاطر مسئله‌ای جان خود را فدا کردند که می‌دانستند حقیقت ندارد و دروغ است. به سختی می‌توان در

طی تاریخ یازده نفر را پیدا کرد که *آگاهانه* به‌خاطر یک دروغ جان خود را فدا کرده باشند.

ما برای درک کاری که رسولان انجام دادند باید از برخی از حقایق آگاهی داشته باشیم. اولاً، رسولان به‌گونه‌ای در مورد مسیح سخن گفته و نوشته‌اند که به نظر می‌رسد از شاهدان عینی آن وقایع بوده‌اند. پطرس گفت: «زیرا ... از پی افسانه‌هایی که زیرکانه ابداع شده باشند نرفته بودیم، بلکه کبریای او را به چشم دیده بودیم» (دوم پطرس ۱۶:۱). این آیه نشان می‌دهد که رسولان تفاوت بین افسانه و حقیقت را به‌خوبی می‌دانستند.

یوحنای رسول نیز آنچه را که دیده بود و یهودیان نیز از آن آگاه بودند، بیان کرد: «در باب آنچه از آغاز بود و ما آن را شنیده و با چشمان خود دیده‌ایم، آنچه بدان نگریستیم و با دستهای خود لمس کردیم، یعنی کلام حیات: حیات ظاهر شد؛ ما آن را دیده‌ایم و بر آن شهادت می‌دهیم. ما حیات جاویدان را به شما اعلام می‌کنیم، که با پدر بود و بر ما ظاهر شد. ما آنچه را دیده و شنیده‌ایم به شما نیز اعلام می‌کنیم تا شما نیز با ما رفاقت داشته باشید؛ رفاقت ما با پدر و با پسرش عیسی مسیح است.» (اول یوحنا ۱:۱-۳)

لوقا می‌گوید: «از آنجا که بسیاری دست به تألیف حکایت اموری زده‌اند که نزد ما به انجام رسیده است، درست همان‌گونه که آنان که از آغاز شاهدان عینی و خادمان کلام بودند به ما سپردند، من نیز که همه چیز را از آغاز به‌دقّت بررسی کرده‌ام، مصلحت چنان دیدم که آنها را به شکلی منظم برای شما، عالیجناب تِئوفیلوس، بنگارم.» (لوقا ۱:۱-۳)

در کتاب اعمال رسولان نیز لوقا در مورد دوره ۴۰ روزه پس از قیام مسیح سخن می‌گوید که در آن هنگام پیروان مسیح او را به چشم خود دیدند: «من کتاب نخست خود را، ای تِئوفیلوس، در باب همهٔ اموری تألیف کردم که عیسی به عمل نمودن و تعلیم دادنشان آغاز کرد تا روزی که به‌واسطهٔ روح‌القدس دستورهایی به رسولان برگزیدهٔ خود داد و سپس به بالا برده شد. او پس از رنج کشیدن، خویشتن را بر آنان ظاهر ساخت و با دلایل بسیار ثابت کرد که زنده شده است. پس به مدت چهل روز بر

آنان ظاهر می‌شد و دربارهٔ پادشاهی خدا با ایشان سخن می گفت.» (اعمال رسولان ۱:۱-۳)

یوحنای رسـول نیز بخش پایانی انجیل خود را با این آیه آغاز می کند: «عیسـی آیات بسیارِ دیگر در حضور شـاگردان به‌ظهور رسانید که در این کتاب نوشته نشده است.» (یوحنا ۳۰:۲۰)

بخش اعظم شـهادت این شـاهدان عینی به رستاخیز مسیح اختصاص دارد. رسولان مسیح شاهد رستاخیز وی بوده‌اند :

لوقا ۴۸:۲۴	اعمال ۱۵:۳
یوحنا ۲۷:۱۵	اعمال ۳۳:۴
اعمال ۸:۱	اعمال ۳۲:۵
اعمال ۲۴:۲ و ۳۲	اعمال ۳۹:۱۰
اعمال ۴۱:۱۰	اول یوحنا ۲:۱
اعمال ۳۱:۱۳	اعمال ۱۵:۲۲
اول قرنتیان ۴:۱۵-۹	اعمال ۱۱:۲۳
اول قرنتیان ۱۵:۱۵	اعمال ۱۶:۲۶

ثانیاً، چنین به نظر می‌رسـد که خود رسولان نیز متقاعد شده بودند که عیسـی از مردگان برخاسـته اسـت. در ابتدا، آنها به این امر اعتقاد نداشتند و به همین دلیل نیز پنهان شـده بودند (مرقس ۵۰:۱۴). آنها حتی شـک و تردید خود را نیز ابراز کردند. و تنها با مشاهده ادله کافی و قانع‌کننده به آن ایمان آوردند. می‌توان به توما اشاره کرد که می گفت: «تا خودْ نشان میخها را در دسـتهایش نبینـم و انگشـت خود را بـر جای میخها نگـذارم» ایمان نخواهم آورد که او از مردگان برخاسته است. توما بعدها در راه مسیحیت به شـهادت رسـید. آیا او فریب خورده بود؟ او جان خود را در راه اعتقاد خود فدا کرد.

می‌توان به پطرس نیز اشـاره کرد. او در هنگام محاکمهٔ عیسی بارها او را انکار کرد و بالاخره وی را تنها گذاشت. ولی بعدها اتفاق عجیبی برای این انسـان ترسـو و بزدل رخ داد. مدت کمی پس از مصلوب و دفن شدن

عیسی، علی‌رغم تهدیدات موجود، او در اورشلیم شجاعانه به موعظهٔ انجیل پرداخت و گفت که عیسی همان مسیح است و از مردگان برخاسته است. و در نهایت پطرس به صورت وارونه مصلوب شد و به شهادت رسید. آیا پطرس نیز فریب خورده بود؟ چه اتفاقی برای وی رخ داده بود؟ چه چیزی او را دگرگون ساخته بود و به انسانی دلیر و شجاع تبدیل کرده بود؟ چرا او حاضر شد به‌خاطر مسیح جان خود را فدا کند؟ تنها توجیهی که مرا قانع می‌کند این است: «و اینکه خود را بر کیفا [پطرس] (یوحنا ۴۲:۱) ظاهر کرد...» (اول قرنتیان ۵:۱۵)

می‌توان یعقوب، برادر عیسی، را نیز نمونهٔ بارزی دانست که علی‌رغم میل خود به عیسی قیام‌کرده ایمان آورد (متی ۵۵:۱۳؛ مرقس ۳:۶). اگرچه یعقوب از جمله دوازده شاگرد عیسی نبود (متی ۱۰:۲-۴)، ولی بعدها به همراه پولس و برنابا (اعمال ۱۴:۱۴) در گروه رسولان قرار گرفت (غلاطیان ۱۹:۱). در زمان حیات مسیح، یعقوب برادر خود را به‌عنوان پسر خدا نپذیرفت (یوحنا ۵:۷). ممکن است او نیز مانند سایر برادران و خواهران خود مسیح را مسخره کرده باشد و گفته باشد: «مگر نمی‌خواهی مردم به تو ایمان بیاورند؟ پس چرا به اورشلیم نمی‌روی و در آنجا معجزه نمی‌کنی؟» ادعاهای عیسی [«من راه و راستی و حیات هستم؛ هیچ‌کس جز به‌واسطهٔ من، نزد پدر نمی‌آید.» - یوحنا ۶:۱۴؛ «من تاک هستم و شما شاخه‌های آن» - یوحنا ۱۵ :۵؛ «من شبان نیکو هستم. من گوسفندان خود را می‌شناسم و گوسفندان من مرا می‌شناسند» - یوحنا ۱۴:۱۰] باعث شرمساری یعقوب می‌شد، چون شهرت خانوادگی آنها را لکه‌دار می‌کرد. اگر برادر شما چنین ادعاهایی کند، چه احساسی به شما دست می‌دهد؟

ولی اتفاق خاصی برای یعقوب رخ داد. پس از مصلوب و دفن شدن عیسی، یعقوب در اورشلیم شروع به موعظهٔ انجیل کرد. پیام او این بود که عیسی در راه گناهان ما مرد، و از مردگان برخاست و او هم‌اکنون زنده است. در نهایت، یعقوب به مقام رهبری کلیسای اورشلیم نایل شد و "رسالهٔ یعقوب" را به نگارش در آورد. او رسالهٔ خود را با این

جمله آغاز کرد: «یعقوب که غلام خدا و عیسای مسیح خداوند است.» بالاخره یعقوب، برادر عیسی، به دستور حنانیا، کاهن اعظم، سنگسار شد ("یوسفوس"*). آیا یعقوب نیز فریب خورده بود؟ خیر، تنها توجیه قانع‌کننده این است: «سپس بر یعقوب ظاهر شد...» (اول قرنتیان ۱۵:۷).

اگر فرض کنیم که رستاخیزی صورت نگرفته بود و رسولان مسیح نیز از آن اطلاع داشتند، مجبور هستیم چنین نتیجه‌گیری کنیم که آنها سعی داشتند دروغ بزرگی را به مردم تحمیل کنند. ولی این نتیجه‌گیری با خصوصیات اخلاقی‌ای که در رسولان مسیح سراغ داریم کاملاً در تضاد است. آنها با دروغ گفتن مخالف بودند و همواره بر صداقت تأکید می‌کردند. آنها افراد را تشویق می‌کردند تا حقیقت را بشناسند. مورخی به نام "ادوارد گیبون"* در اثر معروف خود تحت عنوان "*تاریخ سقوط و زوال امپراطوری روم*" یکی از پنج علت پیشرفت سریع مسیحیت را "اخلاق پاک و جدی مسیحیان اولیه" می‌داند. "مایکل گرین"*، مدیر دانشکدهٔ "سنت جان"* در "ناتینگهام"،* می‌گوید: «اعتقاد به رستاخیز مسیح اعتقادی بود که پیروان دل‌شکستهٔ استادی مصلوب‌شده را به شاهدانی دلیر و شهدای کلیسای اولیه تبدیل کرد. به‌خاطر این اعتقاد بود که پیروان مسیح از گروه یهودیان جدا شدند و به معتقدان به رستاخیز پیوستند. آنها زندانی و شکنجه شدند و حتی جان خود را نیز فدا کردند ولی در هر صورت حاضر نشدند اساس ایمان خود یعنی "قیام مسیح در روز سوم" را انکار کنند.»(۱)

ثالثاً، رفتار دلیرانهٔ رسولان پس از پذیرش رستاخیز مسیح احتمال دروغ بودن آن را از بین می‌برد. زندگی آنها یک شبه دگرگون شد. پطرس که عیسی را انکار کرده بود، پس از رستاخیز وی با شجاعت در مورد مسیح زنده موعظه کرد و حتی جان خود را در این راه نهاد. اگرچه مقامات دولتی پیروان مسیح را دستگیر می‌کردند و آنها را مورد ضرب و شتم قرار می‌دادند، ولی آنها پس از آزاد شدن بلافاصله به خیابان‌ها می‌آمدند و در مورد مسیح موعظه می‌کردند (اعمال ۵:۴۰-۴۲). شادی پیروان مسیح برای دوستان‌شان و شجاعت آنها برای دشمنان‌شان کاملاً مشهود بود. آنها

نه در شهرهای کوچک و گمنام، بلکه در اورشلیم که شهری بزرگ بود موعظه می‌کردند.

پیروان مسیح اگر از رستاخیز مسیح مطمئن نبودند هرگز حاضر نمی‌شدند این شکنجه‌ها را تحمل کنند و حتی جان خود را در این راه فدا سازند. مطابقت حیرت‌انگیزی میان موعظات و اعمال آنها وجود داشت. کمتر اتفاق می‌افتد که اعضای گروهی بزرگ با یکدیگر کاملاً موافق باشند، ولی پیروان مسیح در خصوص رستاخیز وی کاملاً اتفاق‌نظر داشتند. اگر فرض کنیم که آنها فریبکار بودند، پس چرا حتی یکی از آنها زیر فشارها و شکنجه‌های موجود حاضر نشد اعتقاد خود را انکار کند؟

"پاسکال"،* فیلسوف فرانسوی، می‌نویسد: «این ادعا که رسولان مسیح فریبکار بوده‌اند، ادعایی کاملاً نامعقول است. حال این ادعای نامعقول را مورد بررسی قرار خواهیم داد. چنین تصور می‌کنیم که دوازده شاگرد مسیح پس از مرگ او دور هم جمع می‌شدند و با یکدیگر تبانی می‌کردند که بگویند مسیح از مردگان قیام کرده است. این امر موجب واکنش شدید مقامات مذهبی و دولتی می‌شد. قلب انسان بی‌ثبات و تغییرپذیر است و وعده‌ها و وسوسه‌های مادی نیز می‌توانند آن را تحت تأثیر قرار دهند. اگر یکی از آنها در برابر این وسوسه‌ها سر تسلیم فرود می‌آوَرد و یا زیر فشار زندان و شکنجه تاب و تحمل خود را از دست می‌داد، همهٔ آنها از بین می‌رفتند.»(۲)

"مایکل گرین" این سؤال را مطرح می‌کند: «آنها چگونه یک‌شبه دگرگون شدند و به افرادی تبدیل گشتند که شیفته خداوند خود بودند و علی‌رغم رویارویی با مخالفت‌ها، بدبینی‌ها، تمسخرها، مشقات و زندان‌ها به سه قارهٔ جهان رفتند و پیغام مسیح و رستاخیز وی را موعظه کردند و حتی جان خود را نیز در این راه نهادند؟»(۳)

نویسنده‌ای گمنام تغییراتی را که در زندگی رسولان رخ داد، این چنین توصیف می‌کند: «در روز مصلوب شدن مسیح آنها ناراحت و غمگین بودند، ولی در روز اول هفته قلب‌شان مملو از شادی بود. در روز مصلوب شدن عیسی آنها کاملاً امید خود را از دست داده بودند،

ولـی در روز اول هفتـه یقین و امید بر قلب آنها حکمفرما بود. هنگامی که برای اولین بار خبر رسـتاخیز مسـیح را شـنیدند به سـختی توانستند آن را بپذیرنـد، ولی هنگامی کـه از آن اطمینان حاصل کردند دیگر هرگز در این خصوص شـک و تردید به خود راه ندادنـد. چگونه می‌توان این تحول و دگرگونی را در زندگی رسـولان توجیه کرد. مفقود شـدن جسـد مسیح از قبرش نمی‌توانسـت شـخصیت و روح و روان آنها را چنین متحول سازد. برای شـکل‌گیری افسـانه‌ای که بتواند آنها را چنان تحـت تأثیر قرار دهد، سـه روز مدت بسیار کمی بود. برای شـکل‌گیری افسانه زمان زیادی لازم اسـت. تحـول و دگرگونی آنهـا یک تغییر روانـی بود کـه نیازمند توضیح کاملی اسـت. با توجه به شـخصیت شـاهدان مسـیح یعنی مردان و زنانی کـه والاتریـن تعالیم اخلاقی را بـه جهانیان ارائه کردند و حتی بر اسـاس شـهادت دشمنان‌شان مطابق این تعالیم و معیارهای اخلاقی زندگی کردند و با در نظر گرفتن تغییر و تحولی که در زندگی عده‌ای انسان ترسو رخ داد کـه در بالاخانه‌ای زانوی غم به بغل گرفته بودند و پس از چند روز آنها را به افرادی تبدیل کرد که تمام جفاهای موجود نیز نتوانسـت آنها را ساکت کند، آیا می‌توان چنین استنباط کرد که آنها سعی داشتند داستانی ساختگی را به جهانیان تحمیل کنند؟ چنین چیزی غیرممکن است.»

"کنـت اسـکات لاتـورت" می‌نویسـد: «رسـتاخیز مسـیح و نـزول روح‌القدس تأثیر عمیقی بر شـاگردان مسیح گذاشته بود. انسان‌های ناامید و دلسردی که با حسرت و اندوه به گذشته و امیدهای از دست رفتهٔ خود مبنی بر نجات قوم اسرائیل توسط مسیح، می‌نگریستند، به شاهدانی تبدیل شدند که شیفتهٔ خداوند خود بودند.»(۴)

"پائول لیتل"* این سؤال را مطرح می‌کند: «آیا می‌توان چنین افرادی را که ساختار اخلاقی جامعه را متحول ساختند دروغگو یا دیوانه تلقی کرد؟ پذیرش این احتمالات دشـوارتر از پذیرش رستاخیز مسیح است و علاوه بر آن ادله‌ای برای اثبات آنها وجود ندارد.»(۵)

پای‌بندی و وفاداری کامل رسولان به اعتقادشان را نمی‌توان به‌گونه‌ای دیگـر توجیه کـرد. در *دایرةالمعارف بریتانیکا* از "اریجن"* نقل قول شـده

است که پطرس به صورت وارونه مصلوب شده است. "هربرت ورکمن"* در مـورد مرگ پطرس می‌گوید: «طبق پیشـگویی مسـیح، پطرس را از راه "آورلیـین"* به تپهٔ واتیکان در نزدیکی باغ‌های نرون بردند، یعنی جایی که در آنجا بسـیاری از پیروان مسـیح را به بی‌رحمانه‌ترین شـکل به شهادت رسـانده بودند. از آنجایی که پطرس خود را شایسـته نمی‌دانست که مانند سـرورش بمیـرد، از آنهـا خواسـت تـا او را به صـورت وارونـه مصلوب کنند.» [۶]

"هارولـد متینگلـی"* در مقالهٔ تاریخـی خـود می‌نویسد: «پطرس و پولس رسـول شـهادات خود را با خون خود مهر کردنـد.» [۷] "ترتولیان"* می‌نویسـد: «هیچ‌کس تمایلی به مردن ندارد مگر اینکه بداند برای حقیقتی جـان خود را از دسـت می‌دهد.» [۸] "سـایمون گرین‌لیف"،* اسـتاد حقوق در دانشـگاه هاروارد، که سـال‌ها در مورد نحوهٔ بررسـی شهادات و تعیین میزان اعتبار آنها تدریس کرده بود می‌نویسد: «تاریخ جنگ نظامی نیز قادر نیسـت چنین نمونه‌ای از وفاداری قهرمانانه، صبر و شـهامتی تزلزل‌ناپذیر ارائـه کند. آنهـا برای تجدیدنظر در مـورد بنیاد ایمان خود و حقایق بزرگی که مورد پذیرش‌شان بود فرصت کافی داشتند.» [۹]

آنهـا بـرای اثبات حقانیت ادعاهـای خود تا پای جان نیـز پیش رفتند. اعتماد من به شهادات و سخنان رسـولان بیش از اعتمادی است که نسبت به سـخنان افراد معاصر دارم، چون آنها حتی حاضر نیستند به‌خاطر اعتقاد خـود کمتریـن خطری را به جان بخرند، چه رسـد به اینکـه در راه اعتقاد خود جان خود را نیز فدا کنند.

Josephus; Edward Gibbon; Michael Green; Nottingham; St. John; Pascal; Paul Little; Origen; Herbert Workman; Aurelian; Harold Mattingly; Tertullian; Simon Greenleaf

فصل ۶

مسیح مرده چه فایده‌ای دارد؟

بسیاری از افراد به‌خاطر اهداف والایی که دارند حاضر می‌شوند جان خـود را فـدا کننـد. به‌عنوان مثال می‌توان به دانشـجویی در "سـن دیگو"* اشاره کرد که به نشانهٔ اعتراض به جنگ ویتنام دست به خودسوزی زده بـود. همچنیـن می‌تـوان از بوداییهایی یاد کـرد که در دهه ۶۰ دسـت به خودسـوزی زدند تا بدین ترتیب توجه جهانیان را به منطقهٔ جنوب شرقی آسیا جلب کنند.

ولی مشکل رسولان این بود که هدف و آرمان والای آنها روی صلیب جان خود را از دست داده بود. آنها معتقد بودند که عیسـی، مسیح موعود اسـت. آنهـا فکر نمی‌کردند کـه او روزی بمیرد. رسـولان معتقد بودند که عیسـی کسـی اسـت که پادشـاهیِ خدا را برقـرار خواهد نمـود و بر قوم اسرائیل سلطنت خواهد کرد.

برای درک رابطهٔ رسولان با مسیح و پی بردن به این امر که چرا مصلوب شـدن او تا این حد برای آنها غیر قابل درک بود نخسـت باید بدانیم که در آن زمان چه تصوری از مسیح در اذهان عمومی وجود داشت.

زندگی و تعالیم عیسی با تصوری که یهودیان در آن زمان از مسیح در ذهن خـود داشـتند کامـلاً در تضـاد بـود. آنها از کودکـی آموخته بودند که مسـیح در مقام رهبری سیاسـی، قدرتمند و پیروز ظهور خواهد کرد و یهودیان را از اسارت آزاد خواهد ساخت و آنها را به سرزمین موعودشان باز خواهد گردانید. «مسـیح رنج کشـیده و مصلوب شـده برای آنها کاملاً ناآشنا بود.»(۱)

"ای. اف. اسکات"* در مورد زمان حیات مسیح این چنین می‌نویسد: «دورهٔ حیات مسـیح دورهٔ هیجان‌انگیزی بوده اسـت. مهار کردن اشتیاق

افـرادی کـه مدت‌هـا منتظـر ظهـور نجات‌دهنـدۀ موعـود خـود بودنـد بـرای رهبـران مذهبـی یهـود غیرممکـن بـه نظر می‌رسـید. بدون شـک، وقایعـی کـه در آن زمـان اتفـاق می‌افتـاد امیـد و اشـتیاق آنهـا را تقویـت می‌کرد.

بیش از یک نسـل بود که یهودیان در اسـارت رومی‌ها بودند. اقدامات سـرکوب‌گرانۀ رومی‌هـا حـس وطن‌پرسـتی را بیش از پیـش در یهودیان برانگیختـه بـود. اگرچه اعتقـاد آنها به ظهور پادشـاه موعود و رسـتگاری معجزه‌آسای‌شان اعتقادی کهن بود ولی در آن زمان ایده‌ای جدید به شمار می‌رفـت. در ورای ناآرامی‌هـا و شـورش‌هایی کـه در اناجیل شـاهد آنها هستیم می‌توان رد این انتظار طولانی را مشاهده کرد.

بسـیاری از یهودیـان در مـورد مسـیح همـان نگـرش اشـعیای نبی و معاصرینـش را داشـتند - یعنـی پادشـاهی از نسـل داوود که قرار اسـت بـرای یهودیان پیروزی و سـعادت به ارمغـان بیاورد. با توجه به اشـارات انجیل به نظر می‌رسد که قوم یهود مسیح را رهبری ملی و سیاسی قلمداد می‌کردند.»[۲]

محقق یهودی به نام "ژوزف کلاوسـنر"* می‌نویسـد: «بـرای یهودیان، مسـیح نه تنها رهبر سیاسـی برجسـته‌ای بود، بلکه فردی با اخلاقیات والا نیز به شمار می‌رفت.»[۳]

"جیکوب گارتنهاس"* در مورد عقایدی که در زمان حیات مسـیح در میان یهودیان رایج بود چنین می‌نویسد: «در نظر یهودیان مسیح فردی بود که باید آنها را از سلطه رومی‌ها خارج می‌کرد... و در واقع آنها برای نجات و رستگاری ملی منتظر ظهور او بودند.»[۴]

در *دایرة‌المعارف یهود* نوشته شده است: «یهودیان منتظر نجات‌دهندۀ موعـودی از نسـل داوود بودند که قرار بود آنهـا را از یوغ بندگی حاکمان غاصب و بیگانه نجات دهد و به حکومت رومیان بت‌پرسـت پایان بخشد و حکومت عدل و صلح را برقرار کند.»[۵]

در آن زمـان یهودیـان بـرای نجات خود به مسـیح موعود پنـاه آورده بودنـد. رسـولان نیز مانند سـایرین همین اعتقـاد را داشـتند."میلار بورز"

می‌نویسد: «عیسی به‌قدری با مسیحی که آنها منتظرش بودند تفاوت داشت که حتی شاگردانش نیز نمی‌توانستند باور کنند که او خود مسیح است.»(۶) به همین دلیل نیز پیش‌بینی‌ها و سخنان عیسی در مورد مصلوب شدنش به هیچ وجه برای شاگردان او خوشایند نبود (لوقا ۲۲:۹). "ای. بی. بروس"* می‌نویسد: «آنها تصور می‌کردند که عیسی وضعیت موجود را ناامیدکننده‌تر از آنچه واقعاً هست می‌بیند و نگرانی‌های او بی‌موردند... مسیح مصلوب‌شده باعث رسوایی آنها می‌شد و با اعتقادات رسولان نیز مغایر بود. حتی پس از صعود مسیح به آسمان نیز این طرز فکر در میان اکثر یهودیان وجود داشت.»(۷)

"آلفرد ادرزهیم"،* مدرس پیشین ترجمهٔ "هفتاد"*[1] در دانشگاه آکسفورد، به‌درستی استنباط کرده است که: «آنچه بیش از همه در خصوص مسیح بعید به نظر می‌رسید، زمان مصلوب شدنش بود.»(۸)

اگر نگرش رسولان در مورد عیسی را در عهدجدید بررسی کنیم، می‌بینیم که آنها فکر می‌کردند که او مسیح موعود است. زمانی که عیسی به شاگردان گفت که به اورشلیم خواهد رفت و در آنجا مورد آزار و اذیت قرار خواهد گرفت، یعقوب و یوحنا از او خواستند تا هنگامی که پادشاهی خود را برقرار می‌کند بر دست راست و چپ او بنشینند (مرقس ۳۲:۱۰-۳۸). آنها زمانی که خواستهٔ خود را مطرح می‌کردند چه تصوری از مسیح در ذهن خود داشتند؟ آیا آنها مسیحی مصلوب شده و رنج کشیده را در نظر داشتند؟ خیر، آنها فکر می‌کردند که مسیح یک رهبر سیاسی است. عیسی به آنها گفت که سخنانش را درک نکرده‌اند و نمی‌دانند که چه چیزی از او می‌خواهند. زمانی که او در مورد زحمات و مصلوب شدن خود با شاگردانش صحبت می‌کرد، آنها منظور او را درک نمی‌کردند (لوقا ۳۱:۱۸-۳۴). آنها با توجه به آموخته‌های خود در مورد مسیح و تصوری که در مورد او داشتند فکر می‌کردند که آیندهٔ خوبی در انتظارشان است. ولی آنچه در جلجتا اتفاق افتاد تمام امید آنها مبنی بر مسیح بودن عیسی را

---

۱. در زمان حکومت فیلادلفوس (۲۸۵-۲۴۶ ق. م.) کتاب عهدعتیق به زبان یونانی ترجمه شد، که این ترجمه به ترجمه هفتاد معروف است.

بر باد داد و آنها ناامیدانه به خانه‌های‌شان بازگشتند و حسرت می‌خوردند از اینکه چرا سه سال از عمر خود را بیهوده تلف کرده‌اند.

دکتر "جورج الدون لد"،* استاد عهدجدید در دانشگاه الاهیات «فولر»،* می‌نویسد: «به همین دلیل بود که شاگردان عیسی در هنگام دستگیری‌اش او را تنها گذاشتند. تنها تصوری که آنها از مسیح داشتند این بود که او در مقام رهبری فاتح بر تمام دشمنانش غلبه خواهد کرد. ولی وقتی دیدند عیسی زیر شلاق‌های سربازان به زمین افتاده، و خون‌آلود و در بندِ پیلاطس به سوی جلجتا می‌رود تا به‌عنوان مجرمی معمولی به صلیب کشیده شود، تمام امیدهای مسیح باورانه‌شان‌آنها بر باد رفت. از دیدگاه روانشناسی ما چیزهایی را می‌شنویم که آمادگی شنیدن‌شان را داشته باشیم. و به همین دلیل نیز گوش شنوایی برای شنیدن پیشگویی‌های عیسی در مورد زحمات و مرگش وجود نداشت. شاگردان عیسی نیز علی‌رغم هشدارهایی که عیسی به آنها داده بود خود را برای شنیدن این حقایق آماده نکرده بودند...»(۹)

در کمال تعجب، چند هفته پس از مصلوب شدن عیسی، شاگردان وی به اورشلیم رفتند و در آنجا به موعظه پرداختند و در موعظات خود عیسی را در مقام نجات‌دهنده، خداوند و مسیح موعود معرفی می‌کردند. تنها توجیه منطقی برای این دگرگونی و تحول این است: «... و اینکه خود را بر کیفا ظاهر کرد و سپس بر آن دوازده تن.» (اول قرنتیان ۵:۱۵). چه چیز دیگری می‌توانست این شاگردان ناامید را برانگیزد تا در راه مسیح مصلوب شده، متحمل رنج و عذاب شوند و حتی جان خود را در این راه فدا کنند؟ مسیح «پس از رنج کشیدن، خویشتن را بر آنان ظاهر ساخت و با دلایل بسیار ثابت کرد که زنده شده است. پس به مدت چهل روز بر آنان ظاهر می‌شد و دربارهٔ پادشاهی خدا با ایشان سخن می‌گفت.» (اعمال ۳:۱)

آری، بسیاری حاضر می‌شوند به‌خاطر اهداف عالی خود جان‌شان را فدا کنند، ولی هدف و آرمان والای رسولان مصلوب شده بود. تنها رستاخیز عیسی و ملاقات پیروانش با عیسای زنده می‌توانست آنها را

متقاعد کند که عیسـی همان مسـیح اسـت. به همین دلیل نیز آنها نه تنها با سـخنان و زندگی خود شهادت دادند، بلکه با مرگ خود نیز شهادت خود را به اثبات رساندند.

San Diego; E. F. Scott; Joseph Klausner; Jacob Gartenhus; A. B. Bruce; Alfred Edersheim; Septuagint; George Eldon ladd; Fuller

فصل ۷

آیا شنیده‌اید برای شائول چه اتفاقی رخ داد؟

یکی از دوستانم به نام "جک" که در دانشگاه‌های مختلف سخنرانی می‌کند، روزی به دانشگاه می‌رود و دانشجویانش با خبر مهمی او را غافلگیر می‌کنند. آنها بدون هماهنگی قبلی جلسهٔ مناظره‌ای را بین او و یکی از اساتید ملحد دانشگاه ترتیب داده بودند. رقیب "جک" در این مناظره استاد فلسفهٔ دانشگاه بود، که سخنوری فصیح و یکی از مخالفین سرسخت مسیحیت به شمار می‌رفت. ابتدا از "جک" خواستند صحبت کند. او شواهدی را ارائه کرد که رستاخیز مسیح را به اثبات می‌رساند، و سپس در مورد تحولی که در زندگی پولس رخ داد سخن گفت و در آخر نیز شهادت زندگی شخصی خود را بیان کرد و گفت که مسیح چگونه زندگی او را در دوران دانشجویی دگرگون کرده بود.

زمانی که فرصت سخنرانی به استاد فلسفه داده شد، او بسیار عصبی به نظر می‌رسید. او نمی‌توانست شواهد موجود مبنی بر رستاخیز مسیح و یا دگرگونی زندگی "جک" را انکار کند، به همین دلیل سخنرانی خود را با اشاره به زندگی پولس رسول و گرایش ناگهانی او به مسیحیت آغاز کرد. او چنین استدلال کرد: «گاهی افراد به‌قدری از لحاظ روانی درگیر مسئله‌ای می‌شوند که با آن در حال مبارزه هستند، که در نهایت به جایی می‌رسند که خود نیز به آن ایمان می‌آورند.» در این هنگام دوست من لبخندی زد و گفت: «پس شما نیز باید مراقب باشید، چون در غیر این صورت به مسیح ایمان خواهید آورد.»

یکـی از شـواهد مهمـی کـه مسـیحیت را مـورد تأییـد قـرار می‌دهد دگرگونی‌ای است که در زندگی شائول طرسوسی، سرسخت‌ترین مخالف مسـیحیت، رخ داد و او را بـه پولـس رسـول تبدیل کرد. شـائول، عبرانیِ متعصـب، و رهبـری مذهبی بود. از آنجایی که در شـهر طرسـوس به دنیا آمده بود این امکان را داشت تا فنون و دروس مذهبی آن زمان را به‌خوبی فـرا گیـرد. دانشـگاه‌هایی در شـهر طرسـوس وجود داشـت، و این شـهر به‌خاطر دارا بودن فرهنگ و فلسـفهٔ رواقیون از شـهرت خاصی برخوردار بود. "اسـترابو"،* جغرافی‌دان یونانی، طرسوس را به‌خاطر ارزشی که برای فلسفه و آموزش قائل است تحسین می‌کند. (1a)

شـائول نیز مانند پـدرش تابعیت رومی داشـت که در آن زمـان امتیاز ویژه‌ای به شمار می‌رفت. به نظر می‌رسید که او بر فرهنگ و تفکر یونانی اشـراف کامل داشـت. علاوه بـر این به زبـان یونانی و فنون اسـتدلال نیز تسلط کامل داشت. او حتی در سخنان خود از شعرا و فلاسفه‌ای نقل قول می‌کرد که مشهور نبودند.

اعمال ۲۸:۱۷ - «زیرا در اوسـت که زندگی و حرکت و هسـتی داریم؛ چنانکه برخی از شاعران خود شما نیز گفته‌اند که از نسل اوییم.» [آراتوس کلینتس]

اول قرنتیان ۳۳:۱۵ - «فریب مخورید: معاشِر بد، اخلاق خوب را فاسد می‌سازد.» [مناندر]

تیطـس ۱۲:۱ - «حتـی یکـی از انبیای خودشـان گفته اسـت: "کْرِتیان همواره مردمانی دروغگو و وحوشـی شرور و شکم‌پرستانی تن‌پرورند."» [اپیمندس]

تعالیمی که پولس فرا گرفته بود تعالیم خشـک یهودی و فریسـی بود. او در سـن ۱۴ سـالگی برای ادامهٔ تحصیلات خود نـزد غمالائیل، یکی از بزرگتریـن اسـاتید آن عصر و نوهٔ هیلل، رفت. پولس نیز در سـخنان خود عنوان کرد که او نه تنها فریسـی، بلکه فرزند فریسـی نیز می‌باشـد (اعمال ۶:۲۳). در غلاطیان ۱۴:۱ نیز چنین می‌گوید: «و در یهودیگری از بسـیاری

از هَمسالانِ قوم خود پیشی گرفته و در اجرای سنّتهای پدران، بی‌نهایت غیور بودم.»

برای درک دگرگونی‌ای که در زندگی پولس رخ داد ابتدا باید بدانیم که چرا او سرسختانه با مسیحیت مبارزه می‌کرد: دلیل این امر وقف کامل او به شریعت یهود بود. این وقف و سرسپردگی دلیل اصلی مخالفت شدید او با مسیح و کلیسای اولیه بود.

"ژاک دوپانت"* می‌نویسد: «دلیل مخالفت پولس با پیام مسیحیت مسیح بودن عیسی نبود... [بلکه] نجات‌دهنده بودن وی بود، چون بدین ترتیب شریعت یهود تمام اعتبار خود را برای نجات بشر از دست می‌داد... [پولس] به‌خاطر اهمیتی که برای شریعت یهود، به‌عنوان تنها راه نجات، قائل بود، به‌شدت با مسیحیت مخالفت می‌کرد.»(۲)

دایرةالمعارف بریتانیکا می‌نویسد: «فرقه‌ای جدید از یهودیت که خود را مسیحی می‌نامیدند شروع به مخالفت با محتوای تعالیم یهودی پولس کردند.» (1b) او متعصبانه به نابود کردن این فرقه می‌پرداخت (غلاطیان ۱۳:۱). او مسیحیان را تعقیب می‌کرد و به قتل می‌رساند (اعمال ۹:۲۶-۱۱). او به معنای واقعیِ کلمه «سخت بر کلیسا می‌تاخت» (اعمال ۳:۸). او نامه‌ای از رئیس کهنه دریافت کرد و به دمشق رفت تا پیروان عیسی را دستگیر کند و برای محاکمه به اورشلیم بیاورد.

ولی در راه دمشق اتفاق عجیبی برای وی رخ داد: «و امّا سولُس که همچنان به دمیدنِ تهدید و قتل بر شاگردان خداوند ادامه می‌داد، نزد کاهن اعظم رفت و از او نامه‌هایی خطاب به کنیسه‌های دمشق خواست تا چنانچه کسی را از اهل طریقت بیابد، از زن و مرد، در بند نهاده، به اورشلیم بیاورد. طی سفر، چون به دمشق نزدیک می‌شد، ناگاه نوری از آسمان بر گردش درخشید و او بر زمین افتاده، صدایی شنید که خطاب به وی می‌گفت: «شائول، شائول، چرا مرا آزار می‌رسانی؟» وی پاسخ داد: «خداوندا، تو کیستی؟» پاسخ آمد: «من آن عیسی هستم که تو بدو آزار می‌رسانی. حال، برخیز و به شهر برو. در آنجا به تو گفته خواهد شد که چه باید کنی.» همسفران سولُس خاموش ایستاده بودند؛ آنها صدا

را می‌شنیدند، ولی کسی را نمی‌دیدند. سولُس از زمین برخاست، امّا چون چشمانش را گشود نتوانست چیزی ببیند؛ پس دستش را گرفتند و او را به دمشق بردند. او سه روز نابینا بود و چیزی نمی‌خورد و نمی‌آشامید.

در دمشق شاگردی حَنانیا نام می‌زیست. خداوند در رؤیا بر او ظاهر شد و گفت: «ای حَنانیا!» پاسخ داد: «بله خداوندا.» خداوند به او گفت: «برخیز و به کوچه‌ای که "راست" نام دارد، برو و در خانهٔ یهودا سراغ سولُس تارسوسی را بگیر. او به دعا مشغول است و در رؤیا مردی را دیده، حَنانیا نام، که می‌آید و بر او دست می‌گذارد تا بینا شود.» (اعمال ۹:۱-۱۲)

با مطالعه مطالب زیر پی خواهید برد که چرا مسیحیان از پولس می‌ترسیدند. «حَنانیا پاسخ داد: «خداوندا، از بسیاری دربارهٔ این مرد شنیده‌ام که بر مقدّسان تو در اورشلیم آزارها روا داشته است. و در اینجا نیز از جانب سران کاهنان اختیار دارد تا هر که را که نام تو را می‌خواند، در بند نهد.» ولی خداوند به حَنانیا گفت: «برو، زیرا که این مرد ظرف برگزیدهٔ من است تا نام مرا نزد غیریهودیان و پادشاهانشان و قوم اسرائیل ببرد. من به او نشان خواهم داد که به‌خاطر نام من چه مشقتها باید بر خود هموار کند.» پس حَنانیا رفت و به آن خانه درآمد و دستهای خود را بر سولُس گذاشته، گفت: «ای برادر، سولُس، خداوند یعنی همان عیسی که چون بدین‌جا می‌آمدی در راه بر تو ظاهر شد، مرا فرستاده است تا بینایی خود را بازیابی و از روح‌القدس پر شوی.» همان‌دم چیزی مانند فَلس از چشمان سولُس افتاد و او بینایی خود را بازیافت و برخاسته، تعمید گرفت. سپس غذا خورد و قوّت خویش بازیافت.» (اعمال ۹:۱۳-۱۹). پولس می‌گوید: «آیا خداوندمان عیسای مسیح را ندیدم؟» (اول قرنتیان ۹:۱). او در مقایسه ظاهر شدن عیسی به وی و ظاهر شدن عیسی به رسولانش پس از رستاخیز می‌گوید: «و آخر از همه بر من نیز... ظاهر گردید.» (اول قرنتیان ۱۵:۸).

پولس عیسی را به شیوه‌ای حیرت‌انگیز دید. او موعظهٔ انجیل را امری ضروری می‌دانست و نه اختیاری. «زیرا نمی‌توانم از بابت بشارت انجیل

فخر کنم، چرا که ناگزیر از آنم؛ بلکه وای بر من اگر بشارت ندهم!» (اول قرنتیان ۱۶:۹)

توجه داشته باشید که ملاقات پولس با عیسی و دگرگونی زندگی وی کاملاً ناگهانی و غیرمترقبه بود. «... ناگاه نوری خیره کننده از آسمان گرد من تابید» (اعمال ۶:۲۲). پولس به هیچ وجه نمی‌دانست این موجود آسمانی چه کسی بود و به همین دلیل نیز هنگامی که شنید او عیسای ناصری است، حیرت‌زده شد و به خود لرزید.

ممکن است در خصوص اتفاقی که در راه دمشق برای پولس رخ داد همه چیز (جزئیات، زمان و تأثیر روانی) را ندانیم، ولی یک چیز برای ما بدیهی است و آن این است که این حادثه تمام جوانب زندگی وی را عمیقاً تحت تأثیر قرار داد.

اول اینکه شخصیت پولس به‌طور چشمگیری تغییر کرد. *دایرة‌المعارف بریتانیکا* در مورد اخلاق و رفتار وی قبل از این واقعه می‌گوید: «او فردی بی‌صبر، خشن، ستمگر، مغرور، تندخو، و متعصبی مذهبی بود. ولی پس از این واقعه به فردی حلیم، مهربان، باثبات، فداکار تبدیل شد. (1c) "کنت اسکات لاتورت" می‌نویسد: «آنچه زندگی پولس را دگرگون کرد و این انسان خشن و نامتعادل را به رسولی بانفوذ و باثبات تبدیل کرد همین تجربهٔ روحانی عمیق و بنیادین بود.»[۳]

دوم اینکه طرز برخورد پولس با پیروان مسیح تغییر کرد.«... سولُس روزهایی چند با شاگردان در دمشق به‌سر برد» (اعمال ۱۹:۹). هنگامی که پولس نزد رسولان دیگر رفت آنها «دست دوستی به سوی او دراز کردند.»

سوم اینکه پیام پولس تغییر کرد. اگرچه او هنوز هم اصل و نسب یهودی خود را دوست داشت، ولی حادثه‌ای که در زندگی وی رخ داد او را از موضع مخالفت‌های شدید بیرون آورد و به قهرمان ایمان مسیحی تبدیل کرد. «او بی‌درنگ در کنیسه‌ها به اعلام این پیام آغاز کرد که عیسی پسر خداست» (اعمال ۲۰:۹). اعتقادات پولس نیز تغییر کرد. این تجربه روحانی او را متقاعد ساخت که عیسی خود مسیح است و این اعتقاد با اعتقاد فریسیان در مورد مسیح در تضاد بود. اعتقاد جدید او در مورد

عیسی نشان‌دهندهٔ تحولی بنیادین در طرز فکر وی بود.[۴] "ژاک دوپانت" می‌گوید: «پولس که سابقاً نمی‌توانست بپذیرد فردی مصلوب‌شده، مسیح موعود است، پس از ملاقات با عیسی به این نتیجه رسید که او مسیح موعود است و از این رو در مورد عقاید خود در خصوص مسیح تجدید نظر کرد.»[۲]

او سابقاً فکر می‌کرد که مرگ عیسی بر صلیب نشان‌دهندهٔ لعنت الاهی و پایان تأسف‌بار زندگی یک انسان است ولی پس از این تجربهٔ حیرت‌انگیز به این نتیجه رسید که خدا به‌واسطهٔ مسیح مصلوب شده انسان‌ها را با خود آشتی داده است. او به این نتیجه رسید که مسیح به جای ما لعن شد (غلاطیان ۱۳:۳) و خدا او را «در راه ما گناه ساخت» (دوم قرنتیان ۲۱:۵). با توجه به رستاخیز مسیح می‌توان گفت که مرگ وی بر صلیب نه تنها شکست نبود، بلکه پیروزیِ بزرگی به شمار می‌رفت. صلیب مسیح نه تنها مانعی در رابطهٔ خدا-انسان به شمار نمی‌رفت، بلکه نمادی از رستگاری انسان‌ها بود. پیام بشارتی پولس رسول را می‌توان چنین خلاصه کرد: «و توضیح داده، برهان می‌آورد که ضروری بود مسیح رنج کشد و از مردگان برخیزد. او می‌گفت: «این عیسی که او را به شما اعلام می‌کنم، همان مسیح است.» (اعمال۳:۱۷)

چهارم اینکه رسالت پولس تغییر کرد. پولس که از امت‌ها متنفر بود خادم آنها شد. او که یهودیِ متعصبی بود به مبشر امت‌ها تبدیل شد. پولس در مقام یهودی و فریسی با دیدهٔ تنفر به امت‌ها می‌نگریست و آنها را پست‌تر از قوم برگزیدهٔ خدا می‌دانست. ولی آنچه در راه دمشق تجربه کرد او را به رسولی از خود گذشته تبدیل کرد که زندگی‌اش را وقف خدمت و کمک به امت‌ها نمود. او مسیح را نجات‌دهندهٔ همه انسان‌ها می‌دانست. پولس که فریسی‌ای راست‌دین بود و رسالتش حفظ یهودیت خشک بود به مُبلّغ فرقه‌ای افراطی به نام مسیحیت تبدیل شد که زمانی به‌شدت با آن مخالفت می‌کرد. او چنان متحول شده بود که «هر که پیام او را می‌شنید در شگفت می‌شد و می‌گفت: "مگر این همان نیست که در اورشلیم در میان آنان که این نام را می‌خوانند آشوب به‌پا می‌کرد و به اینجا نیز آمده تا در

بندشان نهد و نزد سران کاهنان بَرَد؟"» (اعمال ۹:۲۱).

تاریخ‌شناسی به نام "فیلیپ شف" می‌گوید: «دگرگونی پولس نه تنها نقطهٔ عطفی در زندگی فردی او محسوب می‌شود، بلکه نقطهٔ عطفی در تاریخ کلیسای رسولی و در نتیجه در تاریخ بشری به شمار می‌رود. دگرگونی پولس مهمترین واقعه پس از معجزهٔ پنطیکاست بود و پیروزی جهانی مسیحیت را در پی داشت.»[۵]

در دانشگاه "هیوستون"* هنگام صرف ناهار کنار دانشجویی نشسته بودم. وقتی داشتیم در مورد مسیحیت بحث می‌کردیم او گفت که شواهدی تاریخی برای اثبات مسیحیت یا مسیح وجود ندارد. او دانشجوی رشتهٔ تاریخ بود و کتاب "تاریخ روم" را به همراه داشت. او اظهار داشت که یکی از فصول این کتاب به پولس رسول و مسیحیت اختصاص داده شده است. آنچه در این فصل توجه او را به خود جلب کرده بود این بود که این فصل با توضیحاتی در مورد شائول طرسوسی آغاز شده بود و با توضیحاتی در مورد پولس رسول به پایان رسیده بود و در بند پایانی این فصل نویسنده اظهار داشته بود که علت این دگرگونی مشخص نیست. و زمانی که من به کتاب اعمال رجوع کردم و در مورد ظاهر شدن عیسی به پولس پس از رستاخیز وی صحبت کردم، او متقاعد شد که این تجربه تنها توجیه منطقی برای دگرگونی پولس است. این دانشجو بعدها مسیح را به‌عنوان نجات‌دهندهٔ خود پذیرفت.

"الیاس اندروز"* می‌نویسد: «دگرگونی بنیادین این فریسی متعصب نه تنها قانع‌کننده‌ترین مدرک برای اثبات حقانیت و قوت مذهبی است که پولس به آن گرویده بود، بلکه نشان‌دهندهٔ ارزش و جایگاه شخص مسیح نیز می‌باشد.» (۱d) "آرچیبالد مک‌براید"،* استاد دانشگاه "آبردین"،* در مورد پولس می‌گوید: «فتوحات اسکندر کبیر و ناپلئون در مقابل پیروزی‌های پولس رسول ناچیز و کم‌اهمیت به نظر می‌رسند.»[۶] کلمنت می‌گوید: «پولس رسول ۷ بار به زنجیر کشیده شد، انجیل را در شرق و سراسر غرب موعظه کرد و در نهایت به درجهٔ شهادت نائل شد.»[۷]

پولس بارها و بارها اعلام کرد که مسیح قیام کرده و زنده زندگی او را دگرگون ساخته است. ایمان او به رستاخیز مسیح به‌قدری بود که حتی حاضر شد جان خود را در این راه فدا کند.

دو تن از اساتید دانشگاه آکسفورد به نام‌های "گیلبرت وست"* و "لرد لیتلتون"* تصمیم گرفته بودند اساس ایمان مسیحی را نابود کنند. "وست" سعی می‌کرد اشتباه بودن رستاخیز مسیح را به اثبات برساند و "لیتلتون" سعی داشت ثابت کند که شائول طرسوسی هرگز به مسیحیت نگروید. ولی هر دوی آنها به نتیجه‌ای برعکس آن رسیدند و در نهایت به جرگهٔ پیروان پرشور مسیح پیوستند. "لرد لیتلتون" می‌نویسد: «دگرگونی زندگی پولس رسول به تنهایی می‌تواند ثابت کند که مسیحیت مکاشفه‌ای الاهی است.»(۸) او چنین نتیجه‌گیری می‌کند: «اگر باور کنیم که ۲۵ سال از ایام عمر پولس صرف خدمت به مسیح و تحمل مشقات شد آنگاه باید دگرگونی زندگی او را نیز بپذیریم چون خدمت او از لحظه‌ای آغاز شد که این تحول و دگرگونی در زندگی وی رخ داد. و اگر این دگرگونی حقیقتاً رخ داده است پس نتیجه می‌گیریم که مسیح از مردگان برخاسته است، چون تمام کارها و خدمات پولس از زمانی آغاز شد که او مسیح زنده و قیام کرده را ملاقات کرد.»

Strabo; Jacques Dupont; Houston; Elias Andrews; Archibald MacBride; Aberdeen; Gilbert West; Lord Lyttleton

فصل ۸

آیا مسیح از مردگان برخاست؟

یکـی از دانشـجویان مـن در دانشـگاه اروگوئـه از من پرسـید: «آقای مـک‌داول، چـرا نمی‌توانید مسـیحیت را انـکار کنید؟» من در پاسـخ به او گفتم: «دلیلش مشـخص اسـت، چـون نمی‌توانم رسـتاخیز مسـیح را، که حقیقتی تاریخی است، انکار کنم.»

پس از صرف ۷۰۰ ساعت برای مطالعهٔ این موضوع و بررسی دقیق آن به این نتیجه رسـیدم که رسـتاخیز مسیح یا باید پست‌ترین، خطرناک‌ترین و بی‌رحمانه‌ترین دروغی باشد که تاکنون به بشریت تحمیل شده و یا باید مهمترین حقیقت در تاریخ بشری باشد.

با مطرح شدن رستاخیز مسیح این سؤال که «آیا مسیحیت پایه و اساس معتبـری دارد؟» از حیطـهٔ فلسـفه خارج می‌شـود و در قلمـرو تاریخ قرار می‌گیرد. آیا اساس مسیحیت از لحاظ تاریخی قابل قبول است؟ آیا دلایلی کافی برای اثبات رستاخیز مسیح وجود دارد؟

حال واقعیت‌هایی را عنوان خواهیم کرد که در رابطه با رستاخیز مسیح وجود دارند: عیسـای ناصری، که نبی‌ای یهودی بود و ادعا می‌کرد مسـیح موعودی است که در کتاب‌مقدس یهودیان وعده داده شده است، دستگیر شد و مانند مجرمین سیاسی مورد محاکمه قرار گرفت و مصلوب شد. در روز سوم پس از مرگ او، عده‌ای از زنان به قبر او رفتند ولی جسد وی را در آنجا نیافتند. شاگردان عیسی اظهار می‌داشتند که او از مردگان برخاسته و پیش از صعودش به آسمان بارها به آنها ظاهر شده است.

بدین ترتیب، مسـیحیت در سراسـر امپراطوری روم گسترش یافت و تاریخ بشری را تحت تأثیر شگفت خود قرار داد.

آیا مسیح حقیقتاً قیام کرد؟

تدفین عیسی

بر اساس آداب و رسوم یهودیان، جسد عیسی در پارچه‌ای کتانی پیچیده شد. آنها آمیخته‌ای از مُر و عود به وزن یکصد لیترا[1] تهیه کردند و بدن وی را با آن آغشته کردند و در پارچه پیچیدند.[۱]

سپس جسد او را در قبری سنگی و خالی قرار دادند[۲] و سنگ بسیار بزرگی را (که حدوداً ۲ تن وزن داشت) با استفاده از اهرمی غلتاندند و در مدخل قبر قرار دادند.[۳]

عده‌ای از سربازان جدی و سرسخت رومی نیز مأمور محافظت از قبر شدند. ترس از مجازات این سربازان را مجبور کرده بود تا تمام مدت به مراقبت از قبر بپردازند و در وظیفهٔ خود اهمال نورزند.[۴] محافظین دَرِ قبر را مُهر کردند و این مهر نشان‌دهندهٔ قدرت و اقتدار حکومت روم بود.[۵] با وجود این مُهر هیچ‌کس نمی‌توانست در قبر را بگشاید، چون اگر کسی سنگ را جابه‌جا می‌کرد این مُهر می‌شکست و آن فرد طبق قانون روم به مجازات می‌رسید.

ولی با وجود این، قبر او خالی بود.

قبر خالی

پیروان عیسی ادعا می‌کردند که او از مردگان برخاسته است. آنها می‌گفتند که عیسی در مدت ۴۰ روز «با دلایل بسیار» خود را به آنها مکشوف کرد [معادل انگلیسی "دلایل بسیار" Convincing Proofs است که در بعضی از نسخ Infallible Proofs می‌باشد.][۶] پولس رسول ادعا می‌کرد که در آن زمان عیسی به بیش از پانصد نفر از پیروانش ظاهر شد که بسیاری از آنها نیز در آن هنگام در قید حیات بودند و می‌توانستند اظهارات پولس را مورد تأیید قرار دهند.[۷]

"ای. ام. رمزی"* می‌نویسد: «بخشی از اعتقاد من به رستاخیز مسیح به این دلیل است که اعتبار برخی از حقایق کاملاً در گرو آن می‌باشد و اگر

---

۱. در حدود سی و چهار کیلوگرم

ما رسـتاخیز مسیح را تکذیب کنیـم باید این حقایق را نیـز بی‌اعتبار تلقی کنیم.»(۸) قبر خالی مسیح را نمی‌توان انکار کرد. "پائول آلتاس"* می‌نویسد: «اگر خالی بودن قبر عیسـی به اثبات نمی‌رسید، پیروانش نمی‌توانستند در شـهری مانند اورشـلیم چنین ادعایی کنند، چون این امر یک سـاعت و یا حداکثر یک روز بعد بر ملا می‌شد.»(۹)

"پائـول ال. مایر" چنین نتیجه‌گیری می‌کند: «اگر تمام شـواهد و قراین را به‌دقت و منصفانه مورد بررسـی قـرار دهیم به این نتیجه می‌رسیم که بر اسـاس معیارهای تحقیق تاریخی، قبری که عیسـی در آن گذاشته شده بود در روز سـوم حقیقتاً خالی بود. و تحقیقات باستان‌شناسـی و کشـف کتیبه‌ها و منابع کتبی نیز این موضوع را مورد تأیید قرار داده است.»(۱۰)

مـا چگونه می‌توانیم خالی بودن قبر را توجیـه کنیـم؟ آیا می‌توان آن را نتیجه دلایلی طبیعی دانست؟

مسـیحیان بر اساس شـواهد تاریخی متعددی که وجود دارد معتقدند که عیسـی با قدرت مافوق طبیعی خدا در روز سـوم از مردگان برخاست. اگرچه پذیرش این حقیقت دشـوار اسـت، ولی عدم پذیرش آن مشکلات بیشتری را در پی خواهد داشت.

موقعیت قبر پس از رستاخیز عیسی بسیار حائز اهمیت است. مُهر رومی شکسته شده بود و فردی که این کار را انجام داده بود باید به سزای عملش می‌رسـید یعنی باید به صورت وارونه مصلوب می‌شـد. سنگ قبر جابه‌جا شـده، و در فاصلهٔ دورتری قرار گرفته بود، انگار که کسـی آن را برداشـته و پرتاب کرده بود.(۱۱) محافظین قبر پا به فرار گذاشـته بودند."جاسـتین"* در کتابش به نام "د/ایجست ۱۶/ ۴۹"** هجده مورد تخطی را عنوان می‌کند که سـربازان در صورت مرتکب شـدن آنها محکوم به مرگ می‌شدند. این فهرست شامل خوابیدن در حین خدمت و ترک کردن محل خدمت بدون گذاشتن نیروی جایگزین است.

زنـان به قبر عیسـی آمدند و آن را خالی یافتند، آنها به‌شـدت ترسـیده بودند و به سرعت نزد شاگردان رفتند و موضوع را با آنها در میان گذاشتند. پطـرس و یوحنـا دوان دوان به آنجا رفتند. اگرچـه یوحنا زودتر از پطرس

به آنجا رسید ولی داخل نشد. او نگاهی به داخل قبر انداخت و کتان‌ها را دید که در آنجا افتاده بودند. بدن بی‌جان مسیح در این کتان‌ها حیات تازه یافته بود. حال خود را جای آنها بگذارید، آیا با دیدن این صحنه ایمان نمی‌آوردید؟ حتی ایمانی موقتی؟

فرضیه‌پردازانی که سعی داشته‌اند ثابت کنند که رستاخیز مسیح ناشی از علل طبیعی بوده است از یک سو در کار خود شکست خورده‌اند، ولی از سوی دیگر باعث تقویت ایمان ما به حقیقت رستاخیز مسیح شده‌اند.

فرضیه قبر اشتباه

"کایرسپ لیک"* این فرضیه را ارائه می‌کند: زنانی که خبر مفقود شدن جسد عیسی را به شاگردان دادند اشتباهاً به قبر دیگری رفته بودند. اگر چنین باشد، پس باید نتیجه گرفت که شاگردان که برای اثبات صحت یا سقم سخنان زنان به قبر عیسی رفتند نیز مرتکب اشتباه شدند. با وجود این، ما می‌توانیم از یک چیز اطمینان داشته باشیم و آن این است که مقامات یهودی‌ای که از حاکمان رومی خواستند تا محافظینی برای قبر عیسی بگذارند و همچنین خود محافظین که در آنجا حضور داشتند در مورد محل قبر عیسی هرگز مرتکب اشتباه نمی‌شدند.

به‌علاوه، اگر چنین چیزی حقیقت داشته باشد باید گفت که مقامات یهودی مطمئناً قبر اصلی را می‌یافتند و جسد عیسی را تحویل می‌دادند و بدین ترتیب موضوع رستاخیز مسیح تا به ابد به دست فراموشی سپرده می‌شد.

فرضیه دیگری که برای توجیه رستاخیز مسیح ارائه شده این است که ظهور عیسی به افراد پس از رستاخیزش احتمالاً ناشی از توهم آنها بوده است. حتی صرف‌نظر از اصول روان‌شناسی‌ای که در رابطه با توهم وجود دارد نیز می‌توان این فرضیه را مردود اعلام کرد، چون این امر به هیچ وجه با موقعیت تاریخی آن و وضعیت روانی شاگردان سازگار نیست.

پس جسد مسیح کجا بود و چرا هیچ‌کس آن را پیدا نکرد؟

فرضیه بیهوش شدن

این فرضیه که چندین قرن پیش توسط "ونتورینی"* ارائه شده و امروزه نیز گاهی بدان اشاره می‌شود عبارت است از اینکه «عیسی واقعاً نمرده بود. او صرفاً به‌خاطر خستگی مفرط و خونریزی زیاد از حال رفته بود.» همه فکر کرده بودند که او مرده است، ولی بعد از چند روز او به هوش آمد و شاگردانش تصور کردند که او از مردگان برخاسته است.

"دیوید فردریک استراس"،* که پیرو مکتب شک‌گرایی است و به رستاخیز مسیح ایمان ندارد، به هیچ وجه این فرضیه را قبول ندارد و می‌گوید: «غیرممکن است که فرد نیمه‌جانی که حدود یک هفته تحت فشارهای جسمی شدید ضعیف شده بود و به معالجات پزشکی و باندپیچی و تجدید قوا نیاز داشت و زحمات بسیاری را متحمل شده بود از قبر دزدیده شود و طوری قدرتمندانه و پیروزمندانه به شاگردانش ظاهر شود که آنها او را به‌عنوان پادشاه حیات و قیام‌کرده از مردگان بپذیرند و این اعتقاد را زیربنای خدمت خود در آینده قرار دهند. ظاهر شدن مسیح دردمند و مجروح به شاگردان نه تنها باعث تضعیف تصوری می‌شد که آنها در زمان حیات و مرگ مسیح از او داشتند، بلکه باعث غم و اندوه آنها نیز می‌شد. این امر به هیچ وجه نمی‌توانست غم آنها را به شادی و احترام آنها نسبت به استادشان را به پرستش او تبدیل کند.»(۱۲)

فرضیه دزدیده شدن بدن مسیح

این فرضیه می‌گوید که زمانی که محافظین خواب بودند شاگردان عیسی بدن وی را از قبر دزدیدند.(۱۳) شاگردان وحشت‌زده و غمگین عیسی نمی‌توانستند به خود جرأت دهند تا به قبر مسیح بروند و با سربازان درگیر شوند و جسد وی را از آنجا بدزدند. آنها در وضعیتی نبودند که بتوانند چنین کاری را انجام دهند.

"جی. ان. دی. اندرسون"* - رئیس دانشکدهٔ حقوق در دانشگاه لندن، رئیس دانشکدهٔ حقوق مشرق‌زمین در دانشگاه مطالعات آفریقا و شرق

و مدیر موسسهٔ مطالعات حقوقی پیشرفته در دانشگاه لندن – در مورد این فرضیه می‌گوید: «این فرضیه با شناختی که ما از شاگردان مسیح داریم یعنی تعالیم اخلاقی آنها، نحوهٔ زندگی‌شان و پایداری آنها در هنگام رویارویی با جفاها و زحمات کاملاً در تضاد است. این فرضیه نمی‌تواند تبدیل ناگهانی این انسان‌های واقع‌گریز، ناامید و اندوهگین به شاهدانی متعهد به رسالت خویش را توجیه کند.»(۱۴)

حتی این فرضیه که مقامات یهودی و رومی جسد مسیح را دزدیده‌اند نیز به اندازه فرضیه پیشین نامعقول می‌باشد. اگر واقعاً آنها جسد مسیح را دزدیده بودند و یا می‌دانستند که جسد او کجاست، پس چرا هنگامی که شاگردان در اورشلیم در حال موعظه رستاخیز مسیح بودند آنها اعلام نکردند که خود جسد او را دزدیده‌اند؟

اگر آنها این کار را کرده بودند، پس چرا نگفتند که جسد را کجا گذاشته‌اند؟ چرا آنها جسد مسیح را به اورشلیم نبردند و به مردم نشان ندادند؟ آنها با انجام این کار می‌توانستند مسیحیت را برای همیشه نابود کنند.

دکتر "جان وارویک مونتگومری"* می‌نویسد: «پذیرفتن این امر که مسیحیان اولیه چنین داستانی را خلق کرده‌اند و آن را در میان افرادی موعظه کردند که می‌توانستند با ارائهٔ جسد مسیح آنها را رسوا کنند، غیرممکن است.»(۱۵)

شواهدی برای اثبات رستاخیز

پروفسور "توماس آرنولد"،* که مدت ۱۴ سال ریاست راگبی را بر عهده داشت و کتاب سه جلدی "تاریخ روم" را به نگارش درآورده بود و ریاست بخش تاریخ نوین را در دانشگاه آکسفورد عهده‌دار بود، از نقش شواهد در تشخیص حقایق تاریخی کاملاً آگاه بود. او می‌گوید: «سال‌ها به مطالعهٔ تاریخ کهن و بررسی و ارزیابی شواهد موجود پرداخته‌ام و اگر منصفانه قضاوت کنم، باید بگویم که شواهدی که برای اثبات رستاخیز

مسیح وجود دارند به هیچ وجه با شواهدی که برای اثبات سایر حقایق تاریخی وجود دارند قابل قیاس نیستند. ما می‌توانیم اطمینان داشته باشیم که مسیح مرد و در روز سوم قیام کرد.»[۱۶]

محقق انگلیسی به نام "بروک فاس وست‌کات"* می‌گوید: «با توجه به شواهد موجود می‌توان گفت که شواهد معتبر و مختلفی برای اثبات رستاخیز مسیح وجود دارد که در خصوص هیچ‌یک از حقایق تاریخی دیگر موجود نیست. هیچ‌یک از فرضیه‌پردازان نمی‌توانند ادعا کنند که مدارک و شواهد موجود ناقص هستند، آنها صرفاً می‌توانند بگویند که رستاخیز مسیح را به‌عنوان یک حقیقت تاریخی نمی‌پذیرند.»[۱۷]

دکتر "سایمون گرین‌لیف" یکی از حقوقدانان خبره آمریکاست. او استاد حقوق در دانشگاه هاروارد بود. این استاد دانمارکی جانشین قاضی‌ای به نام "ژوزف استوری"* شد. "اچ. ناتس"* در فرهنگ "*شرح حال آمریکایی‌ها*" می‌نویسد: «به‌خاطر زحمات و تلاش‌های "استوری" و "گرین‌لیف" بود که دانشکده حقوق دانشگاه هاروارد ترقی کرد و به یکی از برجسته‌ترین دانشکده‌ها در سراسر ایالات متحده تبدیل شد.» به‌علاوه "گرین‌لیف"، استاد حقوق دانشگاه هاروارد، در یکی از کتب خود ارزش حقوقی شهادات رسولان در مورد رستاخیز مسیح را مورد ارزیابی قرار داده است. او می‌نویسد: «اگر مسیح حقیقتاً از مردگان قیام نکرده بود و اگر رسولان به این حقیقت ایمان راسخ نداشتند، هرگز برای اثبات آن تلاش نمی‌کردند.»[۱۸] "گرین‌لیف" چنین نتیجه‌گری می‌کند که با توجه به اصولی که در رابطه با شواهد حقوقی وجود دارد و در دادگاه‌ها مورد استفاده قرار می‌گیرد می‌توان گفت که رستاخیز مسیح یکی از وقایع تاریخی‌ای است که به بهترین نحو به اثبات رسیده است.

حقوقدان دیگری به نام "فرانک موریسون"* سعی داشت بی‌اعتبار بودن مدارک و شواهد مربوط به رستاخیز مسیح را به اثبات برساند. او معتقد بود که زندگی عیسی زندگی‌ای بی‌نظیر و بی‌نقص بوده، ولی زمانی که سخن از رستاخیز وی به میان آمد او گفت که احتمالاً فردی این افسانه را از خود درآورده و آن را به زندگی‌نامه عیسی افزوده است. او

تصمیم گرفت شرح حال عیسی را در واپسین روزهای حیاتش به نگارش درآورد. بدیهی است که او اشاره‌ای به رستاخیز مسیح نکرد. او معتقد بود که اگر بخواهیم زندگی عیسی را از دیدگاهی منطقی مورد بررسی قرار دهیم باید از رستاخیز وی به‌طور کامل صرف‌نظر کنیم. ولی از آنجایی که او حقوقدان بود پس از مطالعه حقایق موجود تغییر عقیده داد. او کتابی نوشت به‌نام «چه کسی سنگ را غلطاند؟» که بسیار پرفروش شد. عنوانی که برای اولین فصل این کتاب برگزید، این بود: «کتابی که قصد نداشتم آن را بنویسم.» در فصول بعدی کتاب، شواهد رستاخیز مسیح مورد بررسی قرار می‌گیرند.(۱۹)

"جورج الدن لد" چنین نتیجه‌گیری می‌کند: «تنها توجیه منطقی‌ای که برای این حقایق تاریخی وجود دارد این است که عیسی با قدرت الاهی از مردگان برخاست.»(۲۰) مسیحیان امروزی نیز مانند مسیحیان اولیه می‌توانند اطمینان کامل داشته باشند که اساس ایمان آنها نه تنها افسانه و اسطوره نیست، بلکه قیام مسیح از مردگان و قبر خالی او است.

علاوه بر آن، تمام ایمانداران می‌توانند قدرت مسیح زنده را در زندگی فردی خود تجربه کنند: آنها می‌توانند اطمینان داشته باشند که گناهان‌شان آمرزیده شده است،(۲۱) از حیات ابدی برخوردار هستند،(۲۲) زندگی بیهوده و پوچ‌شان تغییر کرده و به خلقتی جدید تبدیل شده‌اند.(۲۳)

تصمیم شما چیست؟ نظر شما در مورد قبر خالی چه می‌باشد؟ "لرد دارلینگ"،* رئیس دیوان عالی انگلستان، پس از بررسی شواهد رستاخیز از دیدگاه حقوقی به این نتیجه رسید که: «با توجه به شواهد منفی و مثبت، مستقیم و غیرمستقیمی که وجود دارد می‌توان گفت که هیچ هیأت منصفه‌ای نمی‌تواند رأیی جز حقیقت داشتن رستاخیز مسیح اعلام کند.»(۲۴)

A. M. Ramsey; Paul Althaus; Justin; Digest 49.16; Kirsopp Lake; Venturini; David Friedrich Strauss; J. N. D. Anderson; John Warwick Montgomery; Thomas Arnold; Brooke Foss Westcott; Joseph Story; H. Knotts; Frank Morison; Lord Darling

فصل ۹

مسیح حقیقی کیست؟

عیسی با استناد به مدارک بسیاری می‌توانست مسیح و پسر خدا بودنش را به اثبات برساند. در این فصل ما به بررسی یکی از مدارک مهمی می‌پردازیم که معمولاً نادیده گرفته می‌شود، یعنی تحقق نبوت‌ها در زندگی مسیح.

عیسی برای اثبات مسیح بودن خود بارها و بارها به نبوت‌های عهدعتیق اشاره کرد. غلاطیان ۴:۴ می‌گوید: «امّا چون زمان مقرر به کمال فرا رسید، خدا پسر خود را فرستاد که از زنی زاده شد و زیر شریعت به‌دنیا آمد.» این آیه به نبوتی اشاره می‌کند که در زندگی عیسی تحقق یافت. «سپس از موسی و همهٔ انبیا آغاز کرد و آنچه را که در تمامی کتب مقدّس دربارهٔ او گفته شده بود، برایشان توضیح داد» (لوقا ۲۷:۲۴). عیسی به آنها گفت: «این همان است که وقتی با شما بودم، می‌گفتم؛ اینکه تمام آنچه در تورات موسی و کتب انبیا و مزامیر دربارهٔ من نوشته شده است، باید به حقیقت بپیوندد» (لوقا۴۴:۲۴). او گفت: «اگر موسی را تصدیق می‌کردید، مرا نیز تصدیق می‌کردید، چرا که او دربارهٔ من نوشته است» (یوحنا ۴۶:۵). او گفت: «پدر شما ابراهیم شادی می‌کرد که روز مرا ببیند.» (یوحنا ۵۶:۸)

رسولان عیسی، نویسندگان عهدجدید و سایرین برای اثبات ادعاهای عیسی مبنی بر نجات‌دهنده، پسر خدا و مسیح بودنْ همواره به نبوت‌هایی اشاره می‌کردند که در زندگی او تحقق یافته بود. «ولی خدا از همین راه آنچه را که به زبان همهٔ پیامبران پیشگویی کرده بود، به انجام رسانید: این را که مسیحِ او رنج خواهد کشید» (اعمال ۱۸:۳). «پولُس طبق عادت به کنیسه رفته، در سه شَبّات از کتب مقدّس با ایشان مباحثه می‌کرد و توضیح داده، برهان می‌آورد که ضروری بود مسیح رنج کشد و از مردگان

برخیزد. او می‌گفت: «این عیسی که او را به شما اعلام می‌کنم، همان مسیح است» (اعمال ۱۷:۲-۳). «زیرا من آنچه را که به من رسید، چون مهمترین مطلب به شما سپردم: اینکه مسیح مطابق با کتب مقدّس در راه گناهان ما مرد، و اینکه دفن شد، و اینکه مطابق با همین کتب در روز سوّم از مردگان برخاست.» (اول قرنتیان ۱۵:۳-۴)

در عهدعتیق جمعاً ۶۰ نبوت اصلی و مستقیم و تقریباً ۲۷۰ نبوت غیرمستقیم در مورد مسیح وجود دارد که در زندگی عیسی تحقق یافتند. می‌توان این نبوت‌ها را خصوصیات و شناسنامهٔ او تلقی کرد. ممکن است تاکنون نیاندیشیده باشید که شناسنامهٔ *شما* تا چه حد حائز اهمیت است - در واقع این شناسنامهٔ شماست که شما را از میلیاردها سکنهٔ روی زمین مجزا می‌سازد.

شناسنامهٔ مسیح در تاریخ

خدا در تاریخ شناسنامهٔ مفصلی برای پسرش، مسیح، که نجات‌دهندهٔ انسان‌هاست، صادر کرده است، که به‌واسطهٔ آن، مسیح حقیقی از سایر انسان‌هایی که در طی تاریخ - گذشته، حال و آینده - پا به عرصه وجود نهاده‌اند و یا خواهند نهاد، مجزا می‌شود. جزئیات این شناسنامه در عهدعتیق یافت می‌شود که در دوره‌ای ۱۰۰۰ ساله نوشته شده است و در آن ۳۰۰ بار به آمدن مسیح اشاره شده است. با استفاده از علم احتمالات می‌توان گفت که احتمال اینکه ۴۸ مورد از این پیش‌گویی‌ها در زندگی یک شخص تحقق یابد ۱ در $۱۰^{۱۵۷}$ می‌باشد.

پیدا کردن فردی که تمام این خصوصیات را در خود داشته باشد کاری دشوار است، چون تمام این نبوت‌ها حداقل ۴۰۰ سال پیش از ظهور مسیح به نگارش درآمده‌اند. برخی ممکن است به مخالفت بپردازند و بگویند که این نبوت‌ها پس از تولد عیسی به نگارش درآمده‌اند و به‌گونه‌ای نوشته شده‌اند تا با زندگی او مطابقت داشته باشند. ولی از آنجایی که ترجمهٔ کتب عهدعتیق از عبری به یونانی (سپتواجینت) در سال‌های ۱۵۰ - ۲۰۰

ق. م. صـورت گرفته اسـت ایـن فرضیه نیز مـردود اعلام می‌شـود. زمان ترجمه نشـان می‌دهد که بیـن زمان نگارش این نبوت‌هـا و تحقق آنها در زندگی عیسی حداقل ۲۰۰ سال وقفه وجود دارد.

مطمئنـاً خـدا در طـی تاریخ مشـخصاتی را ذکـر کرده اسـت که فقط می‌توانسـتند در زندگـی مسـیح موعـود تحقق یابنـد. تقریبـاً ۴۰ نفر ادعا کرده‌اند که مسیح موعود هستند، ولی تنها یک شخص یعنی عیسای مسیح توانسـت بـا تحقق بخشـیدن به این نبوت‌هـا ثابت کند که مسـیح حقیقی است.

این خصوصیات چه هستند؟ کدام یک از این نبوت‌ها همزمان با تولد مسیح یا پیش از ظهور وی تحقق یافته‌اند؟

ابتدا باید به پیدایش ۱۵:۳ اشاره کنیم. در این آیه اولین نبوت در مورد مسـیح ذکر شـده است. در سراسـر کتاب‌مقدس تنها یک فرد از «نسل زن به دنیا آمده اسـت» – سـایر افراد از نسـل مرد بوده‌اند. در این آیه به فردی اشـاره شده است که به دنیا خواهد آمد تا شیطان را شکست دهد («سر او را بکوبد»).

در باب‌های ۹ و ۱۰ پیدایش، خدا جزئیات دیگری را در مورد مسـیح ذکر می‌کند. نوح سـه پسر داشت: سـام، یافث و حام. در واقع این سه نفر اجداد انسان‌های امروزی هستند. ولی خدا نام دو تن از آنها را از نسب‌نامه مسیح حذف کرد و تنها نام سام را باقی گذاشت. مسیح موعود باید از نسل سام متولد می‌شد.

حدود ۲۰۰۰ سال قبل از میلاد خدا فردی به نام ابراهیم را از اور کلده فرا خواند و به او وعده داد که مسـیح از نسـل وی متولد خواهد شـد.(۱) تمام اقوام روی زمین به‌واسـطهٔ ابراهیم برکـت یافتند. ابراهیم صاحب دو پسر شد: اسحق و اسماعیل. و خدا اسحق را برگزید تا مسیح از نسل وی به دنیا آید.(۲)

اسـحق نیـز صاحب ۲ پسـر بـه نام‌های عیسـو و یعقوب شـد. و خدا یعقوب را برگزید.(۳) یعقوب ۱۲ پسـر داشـت که ۱۲ قبیلهٔ اسرائیل از آنها بـه وجـود آمدند. خدا قبیلهٔ یهـودا را برگزید و بقیه ۱۱ قبیله از نسـب‌نامه

مسیح حذف شدند و از میان خاندان‌هایی که در قبیلهٔ یهودا وجود داشتند، خدا خاندان یسی را برگزید.[۴] به‌تدریج جزئیات بیشتری در مورد مسیح آشکار می‌شود.

یسی هشت فرزند داشت و بر اساس دوم سموئیل ۱۲:۷–۱۶ و ارمیا ۵:۲۳ خدا ۷ تن از آنها را از نسب‌نامه مسیح حذف کرد. پس تا اینجا مشخص شد که مسیح از نسل زن، از نسل سام، ابراهیم، اسحق، یعقوب، از قبیلهٔ یهودا و از خاندان داوود بود.

نبوتی که به ۱۰۱۲ ق. م. بازمی‌گردد می‌گوید که دست‌ها و پاهای مسیح باید سوراخ شود (یعنی او باید مصلوب شود).[۵] ۸۰۰ سال پس از این نبوت بود که رومیان مصلوب کردنِ افراد را آغاز کردند.

اشعیا ۱۴:۷ می‌افزاید که او باید از باکره متولد شود یعنی تولدی طبیعی پس از لقاحی مافوق طبیعی و بی‌نظیر و پدیده‌ای خارج از کنترل و برنامه‌ریزی انسانی. بسیاری از نبوت‌های مکتوب در کتاب اشعیا و مزامیر در مورد وضعیت و واکنش‌های اجتماعی‌ای سخن می‌گویند که مسیح باید با آنها روبه‌رو می‌شد:مردم آن عصر، یهودیان، او را رد خواهند کرد، ولی امت‌ها به او ایمان خواهند آورد. و نداکننده‌ای در بیابان راه خداوند را مهیا خواهد ساخت، یعنی یحیای تعمیددهنده. (اشعیا ۳:۴۰ و ملاکی ۱:۳).

سی سکه نقره

در زیر به ۷ مورد از نبوت‌هایی اشاره شده است که خصوصیات مسیح موعود را در بر دارند:

۱. به او خیانت خواهد شد.

۲. یکی از دوستانش به او خیانت خواهد کرد.

۳. او این کار را در ازای ۳۰ سکه انجام خواهد داد.

۴. این سکه‌ها نقره خواهند بود.

۵. این سکه‌ها روی زمین انداخته خواهند شد.

۶. آنها روی زمین هیکل انداخته خواهند شد.
۷. با این پول زمین کوزه‌گری خریداری خواهد شد.

در میکاه ۲:۵ خدا شهر بیت‌لحم با جمعیت کمتر از ۱۰۰۰ نفر را به‌عنوان زادگاه مسیح معرفی می‌کند، بدین ترتیب سایر شهرها از شناسنامه مسیح حذف می‌شوند.

در مجموعه‌ای از نبوت‌ها ترتیب این وقایع نیز ذکر شده است. به‌عنوان مثال، در ملاکی ۱:۳ و چهار آیه دیگر از عهدعتیق عنوان شده است که مسیح زمانی ظهور خواهد کرد که هیکل اورشلیم هنوز پا بر جا است. این امر بسیار حائز اهمیت است، چون هیکل در ۷۰ میلادی تخریب شد و تاکنون نیز تجدید بنا نشده است.

نسب‌نامه، مکان، زمان و نحوهٔ تولد، واکنش افراد، خیانت و نحوهٔ مرگ به‌دقت ذکر شده‌اند. این موارد تنها بخش کوچکی از حقایقی هستند که می‌توانیم با استفاده از آنها مسیح، پسر خدا و نجات‌دهندهٔ جهان، را بشناسیم.

اعتراض دارم:تحقق این نبوت‌ها در زندگی یک فرد کاملاً اتفاقی بوده است.

منتقدی می‌گوید: «برخی از این نبوت‌ها در زندگی کِنِدی، عبدالناصر و افراد دیگر نیز تحقق یافته‌اند.»

بله، ممکن است یک یا دو مورد از این نبوت‌ها در زندگی افراد دیگر نیز تحقق یافته باشند، ولی مطمئناً نمی‌توان فرد دیگری را یافت که تمام این ۶۰ نبوت اصلی و ۲۷۰ نبوت غیرمستقیم در زندگی وی تحقق یافته باشند. اگر شما بتوانید فردی به جز عیسی را بیابید که حتی نیمی از نبوت‌های مکتوب در کتاب "مسیح در *عهدعتیق و جدید*" اثر "فرد جان ملدو"* در زندگی وی تحقق یافته باشد می‌توانید به موسسهٔ انتشاراتی پیروزی مسیحی* در "دنور"* مراجعه کنید و ۱۰۰۰ دلار جایزه بگیرید.

"اچ. هارولد هارتزلر"،* عضو انجمن علمی آمریکا، در مقدمه کتابی به

قلم "پیتر و. استونر"* می‌نویسد: «پیش‌نویس کتاب "علم سخن می‌گوید" توسط گروهی متشکل از اعضای انجمن علمی آمریکا و هیأت اجرایی آن مورد بررسی قرار گرفته و این نتیجه حاصل شده است که این کتاب در خصوص حقایق علمی‌ای که ارائه می‌کند کاملاً دقیق و قابل اعتماد است. تحلیل‌های ریاضی‌ای که در آن مطرح شده‌اند بر اساس اصول احتمالات دقیق و صحیح می‌باشند و پروفسور "استونر" نیز آنها را به درستی و استادانه به کار برده است.»(۹)

احتمالات زیر که از این کتاب برگرفته شده‌اند نشان می‌دهند که تحقق این نبوت‌ها به‌صورت اتفاقی نبوده است. "استونر" می‌گوید که با استفاده از علم احتمالات نوین در خصوص ۸ مورد از این نبوت‌ها می‌توان گفت که احتمال اینکه این ۸ نبوت در زندگی افرادی که تاکنون زیسته‌اند تحقق یافته باشد ۱ در $۱۰^{۱۷}$ است (یعنی ۱ در ۱۰۰,۰۰۰,۰۰۰,۰۰۰,۰۰۰,۰۰۰).

برای درک بهتر این مسئله او مثالی را ارائه می‌کند: «با $۱۰^{۱۷}$ سکه یک دلاری سطح ایالت تگزاس را می‌پوشانیم و این سکه‌ها به ارتفاع ۶۰ سانتیمتر روی یکدیگر قرار می‌گیرند. سپس روی یکی از این سکه‌ها علامتی می‌گذاریم و آنها را کاملاً به هم می‌زنیم سپس چشمان فردی را می‌بندیم و از او می‌خواهیم تا این سکه را پیدا کند. شانس او برای یافتن این سکه چقدر است؟ ۱ در $۱۰^{۱۷}$. احتمال اینکه انبیا نیز این ۸ نبوت را بدون مکاشفهٔ الاهی و تنها با اتکا به حکمت انسانی خود نوشته باشند و تمام آنها در زندگی یک فرد تحقق یافته باشد نیز به همین اندازه است.

"این نبوت‌ها یا به‌واسطهٔ مکاشفه الاهی بر انبیا مکشوف شده‌اند و یا خود آنها این نبوت‌ها را به‌گونه‌ای که فکر می‌کردند اتفاق خواهد افتاد به نگارش درآورده‌اند. اگر مورد دوم را قبول کنیم باید بگوییم که احتمال اینکه تمام این نبوت‌ها در زندگی یک فرد تحقق یابند ۱ در $۱۰^{۱۷}$ است. ولی باید بگوییم که تمام این نبوت‌ها در زندگی عیسی تحقق یافتند.

«این امر بدان معناست که تنها تحقق این ۸ نبوت کافی است تا ثابت کند که خدا این نبوت‌ها را بر انبیا مکشوف کرده است و احتمال نادرست بودن آن ۱ در $۱۰^{۱۷}$ می‌باشد.»(۹)

اعتراضی دیگر

ممکن است عیسی این نبوت‌ها را تعمداً در زندگی خود به انجام رسانده باشد. ممکن است این ادعا در ابتدا معقول به نظر رسد، ولی زمانی که ما پی می‌بریم که بسیاری از جزئیات مربوط به ظهور مسیح خارج از کنترل انسانی بوده‌اند بی‌اساس بودن این ادعا نیز آشکار می‌شود. به‌عنوان مثال می‌توان به محل تولد او اشاره کرد. عیسی نمی‌توانست از داخل رحم مریم به او بگوید که باید او را در بیت‌لحم به دنیا آورد. زمانی که هیرودیس از روسای کهنه و کاتبان پرسید که مسیح موعود قرار است کجا به دنیا آید آنها گفتند: «در بیت‌لِحِمِ یهودیه، زیرا نبی در این‌باره چنین نوشته است» (متی ۲:۵). موارد دیگری که می‌توان به آنها اشاره کرد عبارتند از: زمان و نحوهٔ تولد او، نحوهٔ خیانت یهودا، مقدار پولی که او دریافت کرد، نحوهٔ مرگ، واکنش افراد (آنها او را مسخره و اذیت می‌کردند)، قرعه انداختن برای لباس او، پاره نشدن لباس او و غیره. نیمی از این نبوت‌ها خارج از کنترل او بودند. به دنیا آمدن او از نسل زن، از نسل سام و ابراهیم نیز خارج از کنترل او بودند. تصور این امر که عیسی و شاگردانش برای اثبات ادعاهایش به این نبوت‌ها تحقق بخشیده‌اند کاملاً نامعقول است.

چرا خدا اجازه داد تمام این مشکلات پیش آید؟ من معتقد هستم که او می‌خواست زمانی که عیسی پا به این دنیا می‌گذارد تمام شرایط لازم را برای مسیح بودن دارا باشد. حقیقت حیرت‌انگیز دیگری که در مورد عیسی وجود دارد این است که او برای دگرگون کردن زندگی افراد پا به عرصه وجود نهاد. او صدها نبوت عهدعتیق را در زندگی خود تحقق بخشید. او توانست به بزرگترین نبوت نیز تحقق بخشد یعنی عطای حیات تازه به افرادی که او را می‌پذیرند: «دل تازه به شما خواهم داد و روح تازه در اندرون شما خواهم نهاد... پس اگر کسی در مسیح باشد، خلقتی تازه است. چیزهای کهنه درگذشت؛ هان، همه چیز تازه شده است!»[۱۰]

Fred John Meldau; Christian Victory; Denver; H. Harold Hartzler; Peter W. Stoner

فصل ۱۰

آیا راه دیگری وجود دارد؟

اخیراً در دانشگاه تگزاس، یکی از دانشجویان سال آخر سؤالی از من پرسید: «چرا عیسی تنها راه تقرب جستن به خداست؟» من سر کلاس به آنها گفته بودم که عیسی ادعا کرد که تنها راه تقرب جستن به خداست، شهادات رسولان و مطالب مکتوب در کتاب‌مقدس معتبر و قابل اعتماد هستند و ما می‌توانیم با اتکا به دلایل و شواهد کافی‌ای که وجود دارد به عیسای مسیح ایمان بیاوریم و او را به‌عنوان نجات‌دهنده و خداوند خود بپذیریم. ولی با وجود این هنوز این سؤال در ذهن او وجود داشت که: «چرا عیسی؟ آیا راه دیگری نیز برای نجات وجود دارد؟ آیا بودا می‌تواند انسان‌ها را نجات دهد؟ آیا انسان‌ها می‌توانند بدون کمک خدا زندگی خوبی داشته باشند؟ اگر خدا حقیقتاً خدای محبت است پس چرا انسان‌ها را همان‌گونه که هستند نمی‌پذیرد؟»

تاجری خطاب به من گفت: «ظاهراً، شما ثابت کرده‌اید که عیسای مسیح پسر خداست. آیا راه دیگری به جز عیسای مسیح وجود دارد که بتوان از طریق آن به خدا نزدیک شد؟»

سؤالات فوق برای بسیاری از انسان‌های امروزی مطرح‌اند. برای آنها این سؤال مطرح است که چرا برای بخشش گناهان و تقرب به خدا باید عیسای مسیح را به‌عنوان خداوند نجات‌دهنده پذیرفت؟ من در پاسخ به این دانشجو گفتم: «مشکل اینجاست که بسیاری از افراد ذات و طبیعت خدا را نمی‌شناسند. معمولاً این سؤال مطرح می‌شود که: «چطور امکان دارد که خدای محبت اجازه دهد که افراد گناهکار به جهنم بروند؟» من با مطرح کردن سؤال دیگری به این پرسش پاسخ می‌دهم: «چطور ممکن است که خدای قدوس، عادل و منصف فرد گناهکاری را در حضور خود

بپذیـرد؟» بسـیاری از افـراد تنها تصوری که از خدا دارند این اسـت که او خدای محبت است. ولی باید بدانیم که خدا علاوه بر محبت خصوصیات دیگری نیز دارد. خدا عادل، منصف و قدوس است.

مـا خدا را به‌واسـطهٔ خصوصیاتـش می‌شناسـیم. ولی بایـد بدانیم که خصوصیات خدا بخشـی از وجود او نیسـت. من سـابقاً فکر می‌کردم که وجـود خـدا مجموعه‌ای از خصوصیات او - قدوسـیت، محبت، عدالت، انصـاف و... - اسـت. ولـی ایـن طـرز فکر به هیچ وجه درسـت نیسـت. خصوصیات خدا بخشی از وجود و ذات او نیستند، بلکه چیزهایی هستند کـه مختص او می‌باشـند. به‌عنوان مثـال، زمانی که می‌گوییـم خدا محبت است منظور ما این نیست که محبت بخشی از وجود اوست، بلکه محبت چیزی است که مختص خدا می‌باشد. از آنجایی که محبت از خصوصیات خداست پس او قادر است محبت کند.

به دنبال گناه انسـان‌ها مشـکلی پیش آمد. خدا در بدو آفرینش تصمیم گرفت مرد و زن را بیافریند. بر اساس کتاب‌مقدس، هدف خدا از آفرینش مرد و زن، سهیم کردن آنها در محبت و جلال بود. ولی زمانی که آدم و حوا نااطاعتی کردند و راه خود را در پیش گرفتند، گناه وارد نسل انسان‌ها شد. و از آن به بعد انسـان‌ها گناهکار شـناخته شـدند، یعنی از خدا جدا شدند. "گناه" مشـکلی بود که انسـان‌ها برای خدا به وجود آوردند. او انسان‌ها را آفرید تا در محبت و جلال او شریک شوند، ولی آنها با نااطاعتی نسبت به احـکام و فرامیـن الاهی، گناه را برگزیدند. ولـی با وجود این خدا به‌خاطر محبتی که نسـبت به انسـان‌ها داشـت راه دیگری را برای نجات آنها مهیا کرد. از آنجایی که خدا علاوه بر محبت از قدوسیت، عدالت و انصاف نیز برخوردار اسـت نمی‌تواند گناه را تحمل کند. کتاب‌مقدس می‌گوید: «مزد گناه موت است.»

خـدای تثلیث - خـدای پـدر خـدای پسـر و خـدای روح‌القدس - تصمیمی اتخاذ کرد. عیسـی، خدای پسـر، باید تجسـم می‌یافـت. او باید تبدیـل به خدای مجسـم می‌شـد. بـاب اول انجیل یوحنا نیـز می‌گوید که کلام، انسـان خاکی شـد و در میان ما مسـکن گزید. همچنین در باب دوم

فیلیپیان نوشته شده است که عیسای مسیح خود را خالی کرد، و به شباهت آدمیان درآمد.

عیسی خدای تجسم‌یافته بود. او خدای کامل و انسان کامل بود. او زندگی مقدس را برگزید و کاملاً مطیع پدر خود بود. این آیهٔ کتاب‌مقدسی که «مزد گناه موت است» شامل حال او نمی‌شد. او در عین حال که از محدودیت‌های انسانی برخوردار بود، خدایی نامحدود نیز بود، او این قابلیت را داشت که گناه جهان را بر دوش خود گیرد. ۲۰۰۰ سال پیش، زمانی که عیسای مسیح مصلوب شد، خدای قدوس، عادل و منصف تمام خشم و غضب خود نسبت به گناهان انسان‌ها را بر پسرش فرو ریخت. عیسای مسیح نیز با گفتن این جمله که: «تمام شد» رضایت خدای قدوس و عادل را جلب کرد.

اغلب این سؤال را از افراد مختلف می‌پرسم: «عیسی برای چه کسی جان خود را فدا کرد؟» و معمولاً این پاسخ را می‌شنوم: «برای من.» یا «برای تمام انسان‌ها.» و من می‌گویم: «بله، درست است، ولی عیسی برای چه کس دیگری جان خود را فدا کرد؟» آنها معمولاً پاسخ می‌دهند: «نمی‌دانم.» من نیز می‌گویم: «برای خدای پدر.» عیسی نه تنها برای ما جان خود را فدا کرد، بلکه این کار را برای پدر خود نیز انجام داد. باب سوم از رساله رومیان می‌گوید که او برای جلب رضایت پدر خود این کار را انجام داد. جلب رضایت به معنای پاسخ‌گویی به مقتضیات است. او این کار را نه تنها برای ما کرد، بلکه برای پاسخ‌گویی به مقتضیات عادلانه و مقدس خدا نیز انجام داد.

اتفاقی که سال‌ها پیش در کالیفرنیا رخ داد شباهت زیادی داشت به کاری که عیسی برای حل کردن مشکل گناه انجام داد. دختر جوانی به‌خاطر داشتن سرعت غیرمجاز در حین رانندگی بازداشت شد. پلیس نیز او را جریمه کرد، و نزد قاضی برد. قاضی پس از مطالعهٔ پرونده خطاب به متهم گفت: «گناهکارید یا بی‌گناه؟» متهم نیز در پاسخ گفت: «گناهکار.» قاضی نیز با چکش ضرباتی بر میز زد و حکم را اعلام کرد. او یا باید ۱۰۰ دلار جریمه پرداخت می‌کرد، یا ۱۰ روز به زندان می‌رفت. پس

از اعلام حکم، اتفاق حیرت‌انگیزی رخ داد. قاضی ایستاد، ردایش را از شانه‌هایش برداشت و از مسند خود پایین آمد و نزد جایگاه متهم رفت. سپس کیف پولش را درآورد و جریمه را پرداخت. چگونه می‌توان رفتار قاضی را توجیه کرد؟ قاضی پدر فرد مجرم بود. او اگرچه قاضی عادل و منصفی بود، ولی دخترش را نیز دوست داشت. دخترش قانون را زیر پا گذاشته بود و او نمی‌توانست به او بگوید: «چون خیلی دوستت دارم، تو را می‌بخشم، می‌توانی بروی.» او برای انجام این کار باید انصاف و عدالت را زیر پا می‌گذاشت. او نمی‌توانست قانون را زیر پا بگذارد، ولی به‌قدری دخترش را دوست داشت که حاضر شد ردایش را بردارد، از مسند خود پایین بیاید، اعلام کند که پدر اوست، و جریمه‌اش را بپردازد.

این مثال می‌تواند کاری را که خدا به‌واسطۀ عیسای مسیح برای ما انجام داد روشن‌تر سازد. همۀ ما گناه‌کاریم. کتاب‌مقدس می‌گوید: «مزد گناه موت است.» خدا هر اندازه هم که ما را دوست داشته باشد مجبور است حکم مرگ را برای ما صادر کند، چون او خدای عادل و قدوسی است. ولی به‌خاطر محبت عظیمی که نسبت به ما داشت حاضر شد از تخت جلال خود پایین بیاید و به‌واسطۀ عیسای مسیح و مرگ او روی صلیب جریمۀ ما را بپردازد.

ممکن است بسیاری از افراد این سؤال را در ذهن خود داشته باشند که: «چرا خدا نمی‌تواند بدون پرداخت جریمه انسان‌ها را ببخشد؟» مدیر یک شرکت بزرگ به من گفت: «کارمندان من گاهی چیزی را می‌شکنند و یا کار اشتباهی انجام می‌دهند، ولی من بدون جریمه کردن، آنها را می‌بخشم. حال که من می‌توانم بدون جریمه کردن، افراد را ببخشم، مطمئناً خدا نیز می‌تواند این کار را انجام دهد.» انسان‌ها سعی می‌کنند از این حقیقت که بخشش مستلزم پرداخت جریمه است چشم‌پوشی کنند. به‌عنوان مثال فرض کنیم که دختر من لامپی را شکسته است. من نیز پدری مهربان هستم و او را روی پاهای خود می‌نشانم و بغلش می‌کنم و می‌گویم: «گریه نکن عزیزم، بابا تو را خیلی دوست دارد و تو را می‌بخشد.» این فرد گفت: «درست است، کاری که خدا نیز باید با ما انجام دهد، همین است.» ولی

من پرسیدم: «چه کسی پول لامپ را پرداخت کرد؟» حقیقت امر این است که من پول آن را دادم. بخشش مستلزم پرداخت بها است. فرض کنید که کسی در حضور دیگران به شما ناسزا بگوید و شما نیز با خوشحالی بگویید: «من تو را می‌بخشم.» ولی در واقع شما نیز بهایی را پرداخت کرده‌اید و این بها تحمل ناسزاهای او می‌باشد.

این همان کاری است که خدا انجام داد. او نه تنها گفت: «من تو را می‌بخشم.»، بلکه حاضر شد جریمه گناهان ما را نیز بپردازد.

Thomas Aquinas

فصل ۱۱

او زندگی مرا دگرگون کرد

عیسای مسیح زنده است. این حقیقت که من زنده هستم و این کارها را انجام می‌دهم گواهی است بر رستاخیز مسیح از مردگان و زنده بودن او.

"توماس اکویناس"* می‌نویسد: «تمام انسان‌ها در جستجوی شادی و مفهوم زندگی هستند.» هنگامی که نوجوان بودم دائماً شادی را جستجو می‌کردم و این امر کاملاً طبیعی بود. می‌خواستم خوشحال‌ترین فرد روی کره زمین باشم و علاوه بر این همواره در پی یافتن معنا و مفهوم اصلی زندگی بودم. من می‌خواستم پاسخ سؤالات خود را بیابم: «من کیستم؟»، «کجا هستم؟» و «به کجا خواهم رفت؟»

به‌علاوه، من می‌خواستم آزاد باشم. می‌خواستم یکی از آزادترین انسان‌های روی زمین باشم. البته منظور من از آزادی این نیست که هر کاری که دلم می‌خواهد انجام دهم. همه می‌توانند از این نوع آزادی برخوردار باشند و در حال حاضر نیز افراد زیادی هستند که بدون ممانعت دیگران کارهای دلخواه خود را انجام می‌دهند. «آزادی به معنای داشتن قدرت برای انجام کاری است که باید انجام دهیم.» بسیاری از افراد می‌دانند چه کارهایی باید انجام دهند، ولی قدرت لازم برای انجام آنها را ندارند. آنها از آزادی بهره‌ای نبرده‌اند و می‌توان گفت که به نوعی در بند هستند.

بدین ترتیب شروع به جستجوی پاسخی برای سؤالات خود کردم. چنین به نظر می‌رسد که هر فرد برای خود دین و مذهبی دارد، پس من نیز تصمیم گرفتم به کلیسا بروم. ولی به زودی از این کار خود پشیمان شدم. ممکن است شما علت این امر را بدانید. در کلیسا احساس بدتری داشتم. روزی سه بار صبح، ظهر و عصر به کلیسا می‌رفتم ولی فایده‌ای نداشت.

از آنجایـی کـه فـردی واقع‌بین و اهل عمل هسـتم، هـرگاه خود را در انجـام کاری موفق ندانم آن را کنار می‌گـذارم. بدین ترتیب تصمیم گرفتم دین را نیز رها کنم و در پی چیز دیگری بروم. تنها برداشتی که از دین در ذهن خود داشتم انداختن پول در صندوق هدایا بود و این همان برداشتی است که ممکن است اغلب افراد از "دین" داشته باشند.

پس از آن به این فکر افتادم که شـاید بتوانم با کسب وجهه و شـهرت اجتماعـی خـلاء خود را پـر کنم. فکر کردم که می‌توان بـا بر عهده گرفتن نقـش رهبری، تعیین اهدافی خاص و تلاش در راه تحقق آنها و "مشـهور شـدن" این وجهه و شـهرت را به دسـت آورد. در اولین دانشگاهی که به تحصیل پرداختم رسـم بر این بود که یکی از دانشـجویان مسئول دخل و خرج کلاس خود می‌شد و بر تمام مخارج و هزینه‌ها نظارت می‌کرد. این امر برای من بسـیار خوشایند به نظر می‌رسـید به همین دلیل در انتخابات دانشجویان سال اول خود را کاندید کردم و انتخاب شدم. با کسب این مقام در دانشـگاه مشـهور شدم، همه به من سـلام می‌کردند و مرا می‌شناختند، بیشـتر تصمیم‌گیری‌ها بـه عهده من بود، نظارت بر مخارج دانشـجویان و دانشـگاه از جمله وظایف من بود و همچنین انتخاب سـخنرانان و دعوت از آنها نیز به عهده من گذاشته شده بود.

اگرچه انجام این کارها و برخورداری از این وجهه و شهرت برای من بسـیار جذاب و خوشایند بود ولی مانند تمام چیزهای دیگر پس از مدتی جذابیت خود را از دسـت داد و به کاری خسـته‌کننده تبدیل شـد. همیشه روزهای دوشنبه با سردرد از خواب بیدار می‌شدم، چون شب‌های یکشنبه مشغله زیادی داشتم، ولی سعی می‌کردم با این فکر که هنوز پنج روز دیگر از هفته باقی مانده اسـت خود را تسـلی دهم. من از دوشنبه تا جمعه را به سـختی تحمل می‌کردم و فقط در سـه روز آخر هفته یعنی جمعه، شـنبه و یکشـنبه شـاد و خوشحال بودم. و این چرخه خسـته‌کننده همواره ادامه داشت.

مـن سـعی می‌کردم با حفـظ ظاهـر دانشـجویان را فریب دهـم. آنها فکر می‌کردند که من خوشـحال‌ترین و خوشـبخت‌ترین انسان روی کره

زمین هستم و حتی در هنگام انتخابات آنها شعار می‌دادند: «شادی یعنی "جاش"». من با پول دانشجویان جشن‌ها و مهمانی‌های متعددی را به راه انداخته بودم و بدین ترتیب آنها فکر می‌کردند که من از شادی بی‌پایان و بی‌نظیری برخوردارم. در حالی که خوشحالی من کاملاً منوط به شرایط موجود بود. اگر امور بر وفق مراد پیش می‌رفتند، من خوشحال می‌شدم و در غیر این صورت نشانی از شادی در من به چشم نمی‌خورد.

مـن مانند قایقی در اقیانوس بودم که دائماً امواج آن مرا به این سو و آن سـو پرت می‌کردند. اصطلاح کتاب‌مقدسـی‌ای که ایـن نوع زندگی را توصیف می‌کند "جهنم" است. البته هنگامی که به افراد دیگر می‌نگریستم پی می‌بردم که آنها نیز مانند من هستند، نمی‌توانستم کسی را پیدا کنم که به من بگوید چه کاری باید انجام دهم و حتی افرادی که روش‌هایی را به من پیشـنهاد می‌کردند نیز نمی‌توانسـتند قدرت به کارگیـری آنها را به من بدهند. به همین دلیل کاملاً دلسرد و ناامید شده بودم.

فکـر می‌کـردم در دانشـگاه‌ها و کالج‌هـای کشـور مـا تعـداد کمی از دانشجویان باشند که مانند من به دنبال یافتن معنا، حقایق و اهداف زندگی باشند. ولی حقیقت این بود که من نیز نتوانسته بودم به آنها دست یابم. در دانشـگاه گروهی بود که توجه مرا به خود جلب کرد. این گروه متشکل از ۸ دانشجو و ۲ استاد بود. آنها با دیگران تفاوت داشتند. به نظر می‌رسید که آنها از اعتقادی راسخ برخوردارند و علت اعتقاد خود را نیز می‌دانند. من دوسـت دارم با این نوع افراد معاشـرت داشته باشـم. برای من مهم نیست که اعتقادات افراد با اعتقادات من در تضاد باشـد. حتی برخی از دوسـتان صمیمـی مـن نیز با برخـی از اعتقادات من مخالف بودنـد. ولی آنچه مهم اسـت این اسـت که ما به‌عنوان انسـان به چیزی اعتقاد داشته باشیم. (البته افراد کمی را دیده‌ام که از اعتقادی راسخ برخوردار باشند.) به همین دلیل است که گاهی معاشرت داشتن با مخالفین سرسخت برای من خوشایندتر از داشتن معاشرت با مسیحیان است.

البته برخی از مسیحیان به‌قدری در اعتقادات خود سسـت هستند که می‌توان گفت ۵۰ درصد آنها فقط تظاهر می‌کنند که مسـیحی هستند. ولی

به نظر می‌رسید که این گروه از دانشجویان واقعاً می‌دانستند به چه چیزی اعتقاد دارند و چرا از آن پیروی می‌کنند. و این امر کمی غیرمعمول به نظر می‌رسید.

آنها نه تنها در مورد محبت صحبت می‌کردند، بلکه محبت را در عمل نیز نشان می‌دادند. به نظر می‌رسید که شرایط زندگی و دانشگاه به هیچ وجه آنها را تحت تأثیر قرار نمی‌داد، این در حالی بود که سایر دانشجویان تحت فشارهای مختلفی بودند. مهمترین نکته‌ای که وجود داشت این بود که آنها صرف نظر از شرایط موجود خوشحال بودند. به نظر می‌رسید که آنها از یک منبع شادی درونی و دائمی برخوردارند. آنها فوق‌العاده شاد بودند. آنها چیزی داشتند که من از آن محروم بودم.

مثل اغلب دانشجویان، وقتی می‌دیدم کسی چیزی دارد که من از آن محرومم، دوست داشتم آن را به‌دست بیاورم. به همین دلیل بود که افرادی که با دوچرخه به دانشگاه می‌آمدند، دوچرخه‌شان را با زنجیر می‌بستند. اگر تحصیلات عالی می‌توانست پاسخی برای مشکلات اخلاقی باشد پس محیط دانشگاه باید امن، پاک و با معیارهای اخلاقی والا می‌بود، ولی حقیقت چیز دیگری بود. تصمیم گرفتم که با اعضای این گروه عجیب و غریب دوستی برقرار کنم.

دو هفته بعد من به همراه ۵ دانشجو و ۲ استاد در باشگاه دانشجویان نشسته بودیم و با یکدیگر صحبت می‌کردیم. موضوع بحث ما به خدا کشید. حتی اگر انسان‌های ضعیفی نیز باشیم، هرگاه موضوع گفتگو در مورد خدا باشد، سعی می‌کنیم خود را قوی و مسلط به نفس نشان دهیم. در تمام دانشگاه‌ها و گروه‌ها افرادی وجود دارند که این موضوع را به باد تمسخر می‌گیرند و می‌گویند: «مسیحیت به درد افراد ضعیف‌النفس می‌خورد و چیز معقول و منطقی‌ای نیست.» (معمولاً افراد گزافه‌گویی که این چنین صحبت می‌کنند از فهم و خرد اندکی برخوردارند.)

این بحث و گفتگو مرا ناراحت می‌کرد. بالاخره به یکی از دانشجویان که دختری زیبا بود نگاهی کردم (من سابقاً فکر می‌کردم که تمام مسیحیان زشتند)، و به صندلی خود تکیه دادم تا بدین ترتیب نشان دهم که به هیچ

وجه به این نوع گفتگو علاقه‌ای ندارم و خطاب به این خانم گفتم: «به من بگویید چه چیزی زندگی شما را دگرگون کرده است؟ چرا شما با سایر دانشجویان، استادان و... تفاوت دارید؟»

این دختر جوان باید دلایل خوبی ارائه می‌داد. او به چشمان من خیره شد و بدون اینکه لبخندی بزند دو کلمه را به زبان آورد که من هرگز انتظار شنیدن‌شان را نداشتم. او گفت: «عیسای مسیح.» من گفتم: «تو را به خدا این مزخرفات را به من تحویل نده. حالم از دین و کلیسا و کتاب‌مقدس به هم می‌خورد. لطفاً در مورد دین با من صحبت نکن.» او در پاسخ به من گفت: «آقای محترم، من نگفتم دین، گفتم عیسای مسیح.» او به چیزی اشاره کرد که تا آن زمان در مورد آن فکر نکرده بودم. مسیحیت دین نیست. چون در دین انسان‌ها سعی می‌کنند با تلاش‌های خود و انجام اعمال نیک به خدا برسند. ولی در مسیحیت خدا به‌واسطهٔ عیسای مسیح به ما نزدیک شده است و از ما دعوت می‌کند که با او رابطه و مشارکت داشته باشیم.

درک نادرست از مسیحیت بیش از هر جا در دانشگاه‌ها به چشم می‌خورد. اخیراً در سمینار فارغ‌التحصیلی‌ای شرکت کرده بودم و در آنجا یکی از اساتید گفت: «ما اگر به کلیسا برویم مسیحی می‌شویم.» من به او گفتم: «آیا شما با رفتن به گاراژ تبدیل به اتومبیل می‌شوید؟» هیچ رابطه‌ای بین رفتن به کلیسا و مسیحی شدن وجود ندارد. فرد مسیحی کسی است که به عیسای مسیح ایمان دارد.

دوستان جدید من سعی می‌کردند به روش‌های عقلانی ثابت کنند که عیسی همان‌طور که ادعا کرد پسر خداست، جسم پوشید و در میان ما انسان‌ها زندگی کرد، در راه گناهان تمام انسان‌ها مصلوب شد، مدفون گردید و در روز سوم از مردگان قیام کرد. و او می‌تواند امروز نیز زندگی انسان‌ها را دگرگون سازد.

سخنان آن‌ها برای من مسخره به نظر می‌رسید. من مسیحیان را افراد ابلهی می‌دانستم و هرگاه یکی از دانشجویان مسیحی شروع به صحبت می‌کرد او را به باد تمسخر می‌گرفتم و سعی می‌کردم سخنان او را احمقانه

جلوه دهم و از این کار لذت می‌بردم. فکر می‌کردم که مسیحیان تنها راه چاره‌ای که دارند این است که از تنهایی بمیرند. من راه بهتری را نمی‌توانستم تصور کنم.

دوستان جدیدم همواره مرا به گفتگو دعوت می‌کردند. و من بالاخره مجبور شدم دعوت آنها را بپذیرم. هدف من از پذیرش گفتگو این بود که بتوانم آنها را شکست دهم و حقانیت سخنان خود را ثابت کنم. و به هیچ وجه تصور نمی‌کردم که ممکن است حقایقی وجود داشته باشد که من از آنها بی‌خبر باشم و یا شواهدی وجود داشته باشد که ارزش ارزیابی کردن داشته باشد.

بالاخره به این نتیجه رسیدم که عیسای مسیح همان فردی است که ادعا می‌کرد. من در دو کتاب اول خود سعی کرده‌ام مسیحیت را رد کنم. ولی زمانی که نتوانستم این کار را انجام دهم، تسلیم مسیح شدم. و اکنون ۱۳ سال است که زندگی خود را صرف اثبات این امر کرده‌ام که ایمان به عیسای مسیح کاملاً معقول و منطقی است.

ولی مشکلی وجود داشت. عقل و منطق من حکم می‌کرد که باید این حقایق را بپذیرم، ولی قلب من مرا در مسیری خلاف آن سوق می‌داد. برای من روشن شد که مسیحی شدن نیازمند مبارزه با نَفْس است. عیسای مسیح از من می‌خواست که خود را به او تسلیم کنم. او به من می‌گفت: «هان بر در ایستاده می‌کوبم. کسی اگر صدای مرا بشنود و در به‌رویم بگشاید، به درون خواهم آمد و با او همسفره خواهم شد و او با من.» (مکاشفه ۳:۲۰). برای من مهم نبود که آیا او واقعاً می‌تواند روی آب راه برود و یا آب را به شراب تبدیل کند. مسئلهٔ اصلی این بود که عقل من می‌گفت باید به مسیح ایمان بیاورم ولی قلبم مرا به سوی دیگری هدایت می‌کرد.

هرگاه با مسیحیان مشتاق ملاقات می‌کردم این کشمکش آغاز می‌شد. از آنجایی که ناراحت و نگران بودم نمی‌توانستم این افراد شاد و خوشحال را تحمل کنم. ممکن است شما نیز چنین چیزی را تجربه کرده باشید. آنها بسیار خوشحال بودند و من بسیار غمگین، به همین دلیل نیز نتوانستم آنها

را تحمل کنم و بلافاصله باشگاه را ترک کردم. اگرچه آن شب ساعت ۱۰ به رختخواب رفتم، ولی نتوانستم تا ساعت ۴ صبح پلک بر هم بگذارم. می‌دانستم که باید پیش از آنکه کارم به جنون بکشد، تصمیمی بگیرم. من فرد روشن‌فکری بودم و نمی‌خواستم کارم به دیوانگی بکشد.

بالاخره در نوزدهم دسامبر ۱۹۵۹ و در ساعت ۸/۵ عصر قلب خود را به مسیح سپردم. من در آن زمان دانشجوی سال دوم دانشگاه بودم.

گاهی از من می‌پرسند: «از کجا می‌دانید که مسیح وارد قلب‌تان شده است؟» و من پاسخ می‌دهم: «چون زندگی من تغییر کرده است.» من آن شب دعا کردم و در دعای خود چهار چیز از خدا خواستم تا بتوانم با مسیح زنده مشارکت و رابطه داشته باشم :

۱) «خداوندا، متشکرم که برای گناهان من روی صلیب جان خود را فدا کردی،» ۲) «تمام گناهان خود را اعتراف می‌کنم و می‌خواهم که مرا ببخشی و از وجود این گناهان پاک سازی،» [کتاب‌مقدس می‌گوید: «اگر گناهان شما مثل ارغوان باشد مانند برف سفید خواهد شد.» (اشعیا ۱۸:۱)]، ۳) «اکنون در قلب خود را گشوده‌ام و تو را به‌عنوان خداوند و نجات‌دهندهٔ خود می‌پذیرم و با تمام وجود خود را تسلیم می‌کنم و می‌خواهم که زندگی مرا دگرگون سازی و از من فردی بسازی که دوست داری،» ۴) «متشکرم که دعای مرا شنیدی و مستجاب کردی، چون ایمان دارم که وارد قلب من شدی.» و این ایمان، ایمانی کورکورانه نبود، بلکه ایمانی بود که بر اساس حقایق تاریخی، شواهد موجود و کلام خدا شکل گرفته بود.

ممکن است از برخی از افراد شنیده باشید که هنگامی که توبه کرده‌اند «هاله‌ای از نور» آنها را فرا گرفت. ولی باید بگویم که هیچ اتفاق خارق‌العاده‌ای برای من رخ نداد. من نه نورانی شده بودم و نه بال درآورده بودم. در واقع، بعد از دعا حالم بدتر شده بود و حالت تهوع به من دست داده بود. وضعیت بسیار بدی داشتم. با خود فکر می‌کردم : «وای، در چه مخمصه‌ای گیر افتاده‌ام.» فکر می‌کردم در وضعیت بغرنجی قرار گرفته‌ام. (البته برخی از افراد نیز در مورد من همین عقیده را داشتند!)

ولـی بایـد بگویـم کـه حدود یک سـال و نیـم بعد پـی بردم کـه اصلاً مخمصــه‌ای وجود ندارد. زندگی من دگرگون شـده بـود. روزی با رئیس گـروه تاریـخ یکی از دانشـگاه‌های ایالات مرکزی آمریـکا بحث و گفتگو می‌کردم و در مورد تغییراتی که در زندگی‌ام رخ داده بود به او توضیحاتی مـی‌دادم، ولـی او بلافاصلـه سـخنان مـرا قطع کـرد و گفت: «مـک‌داول، می‌خواهی بگویی که خدا واقعاً توانسـته است در قرن بیستم زندگی تو را دگرگون کند؟ منظور تو چه تغییراتی اسـت؟» پس از اینکه ۴۵ دقیقه با او صحبت کردم، گفت: «بسیار خوب، دیگر کافی است.»

یکـی از مسـائلی کـه برای او شـرح دادم این بود که من فـرد بی‌قرار و نگرانی بودم. انگار مجبور بودم همواره خود را با چیزی مشغول سازم. یا در کنار نامزدم بودم و یا با دوسـتانم گپ می‌زدم. در دانشـگاه قدم می‌زدم ولی حواسم بیرون از آنجا بود. حتی قادر نبودم کتابی را مطالعه کنم، چون نمی‌توانسـتم حواسـم را متمرکز کنم. ولی چند ماه پس از پذیرش مسـیح احساس کردم که نوعی آرامش روحی و فکری وجود مرا فرا گرفته است. البته منظور من این نیسـت که از آن زمان به بعد هیچ کشمکشـی نداشـتم، بلکـه منظورم این اسـت که مسـیح قدرت و توانایی تحمـل و غلبه بر این کشمکش‌ها را به من عطا کرد. و من حاضر نیستم آن را با چیز دیگری در این دنیا عوض کنم.

تغییـر دیگری که در زندگی‌ام رخ داد، عوض شـدن خلق و خویم بود. من سـابقاً بداخلاق بودم و عادت داشـتم به‌خاطر کوچکترین مسئله‌ای با افراد درگیر شـوم. هنوز هم زخم‌هایی روی بدنم هسـت که واقعه‌ای را به من یادآوری می‌کنند که در سال اول دانشگاه برایم رخ داد. من به‌شدت با یکی از دانشـجویان درگیر شـده بودم و حتی نزدیک بود او را بکشم. این اخلاق تند به‌قدری برایم عادی شـده بود که حتی احسـاس نمی‌کردم که لازم است آن را تغییر دهم. من زمانی به وجود این اخلاق زشت پی بردم که دیگر از زندگی من محو شـده بود. در طی ۱۴ سـال اخیر من فقط یک بار عصبانی شده‌ام و آن ۶ سال پیش بود!

مـورد دیگری نیـز وجود دارد که اگرچه به‌خاطر آن شرمسـار هسـتم،

ولی قصد دارم آن را نیز مطرح کنم، چون افراد زیادی هستند که با چنین مشکلی دست و پنجه نرم می‌کنند و من می‌خواهم راه رهایی از آن را که خود نیز تجربه کرده‌ام با آنها در میان بگذارم. و این راه نجات چیزی نیست جز داشتن رابطه و مشارکت با عیسای مسیح. مشکلی که می‌خواهم مطرح کنم «نفرت» است. من از افراد زیادی نفرت داشتم. اگرچه این نفرت در ظاهر من آشکار نبود ولی در درونم به‌شدت شعله‌ور بود. من با افراد، امور و مسائل مختلفی درگیر بودم. و مانند بسیاری از افراد دیگر احساس ناامنی می‌کردم. هرگاه فردی را ملاقات می‌کردم که تفاوت‌هایی با من داشت، بلافاصله احساس خطر می‌کردم.

ولی در زندگی من فردی وجود داشت که به‌شدت از او نفرت داشتم. این فرد «پدرم» بود. میزان تنفر من از او غیر قابل توصیف است. او الکلی بود و از آنجایی که شهر ما نیز کوچک بود، همه او را می‌شناختند و این امر مرا زجر می‌داد. دوستانم در دوران دبیرستان به مدرسه می‌آمدند و او را مسخره می‌کردند. آنها نمی‌فهمیدند که این امر مرا ناراحت می‌کند. اگرچه در ظاهر من نیز همراه آنها می‌خندیدم ولی در همان زمان قلب من مملو از غم و اندوه بود و در درون خود می‌گریستم. گاهی به طویله می‌رفتم و می‌دیدم که مادرم پشت گاوها روی زمین افتاده است، او به‌قدری کتک می‌خورد که دیگر قادر به حرکت کردن نبود. زمانی که قرار بود مهمان به خانه ما بیاید، پدرم را به طویله می‌بردم و او را در آنجا می‌بستم و اتومبیلش را نیز در آن طرف سیلو پارک می‌کردم که دیده نشود و به مهمانان می‌گفتم که او بیرون رفته است. فکر نمی‌کنم که فردی در دنیا وجود داشته باشد که نفرتش از افراد دیگر به اندازهٔ نفرتی باشد که من نسبت به پدر خود داشتم.

ولی حدود ۵ ماه پس از پذیرش مسیح، محبتی الاهی وجود مرا فراگرفت و این محبت به‌قدری بود که نفرت من در مقابل آن رنگ باخت. من توانستم به چشمان پدرم نگاه کنم و از صمیم قلب بگویم: «پدر، دوستت دارم.» و این احساسی بود که واقعاً در درون خود داشتم. با توجه به رفتاری که سابقاً نسبت به پدرم داشتم، گفتن این جمله او را

واقعاً شوکه کرده بود.

پس از اینکه به دانشگاه خصوصی منتقل شـدم در یک حادثهٔ رانندگی به‌شـدت آسـیب دیدم. گردنم آسـیب دیده بود به همین دلیل مرا به خانه بردنـد. نمی‌توانم آن روزی را فراموش کنـم که پدرم به اتاقم آمد و گفت: «پسـرم، تو چطور می‌توانی چنین پدری را دوسـت داشـته باشـی؟» به او گفتم: «من تا شش ماه قبل نیز از تو نفرت داشتم، ولی از زمانی که مسیح را به‌عنوان نجات‌دهندهٔ خود پذیرفتم توانسـتم افراد را همان‌گونه که هستند بپذیرم و دوست داشته باشم.»

۴۵ دقیقـه بعد یکی از مهمترین وقایع زندگی من رخ داد. فردی که من از گوشت و خون او بودم به من گفت : «پسـرم اگر خدا واقعاً توانسته است زندگی تـو را تغییر دهد، پس من هم می‌خواهم فرصتـی به او بدهم.» در همان لحظه پدرم نیز دعا کرد و قلب خود را به مسیح سپرد.

معمولاً این تغییرات به صورت تدریجی و در طی مدت زمانی طولانی صورت می‌گیرند. زندگی من در در مدت ۱/۵ سـال تغییر کرد، ولی زندگی پدرم از همان لحظه دگرگون شد. درست مانند این بود که فردی در وجود او چراغی روشن کرده باشد. من تاکنون چنین تغییر ناگهانی‌ای را ندیده‌ام. پـس از آن روز پـدرم فقط یک بار شیشـهٔ ویسـکی را برداشـت و نزدیک دهانـش بـرد، ولی بلافاصلـه آن را پایین آورد و کنار گذاشـت. من به این نتیجه رسیده‌ام که عیسای مسیح قادر است زندگی تمام افراد را تغییر دهد.

شـما می‌توانید مسیحیت را مسخره کند و به آن بخندید، ولی بدانید که نظر شما هر چه باشد فرقی نمی‌کند چون مسیح کار خود را انجام می‌دهد. او زندگی افراد را دگرگون می‌سـازد. اگر شـما نیز او را بپذیرید می‌توانید ایـن دگرگـونی و تغییر را در رفتـار و طرز فکـر خود تجربـه کنید، چون تخصص عیسی دگرگون کردن زندگی انسان‌هاست.

پذیرش مسیح امـری اجباری نیسـت، بلکه کاملاً اختیاری اسـت. من هرگز نمی‌توانم شما را مجبور کنم که مسیح را بپذیرید، ولی تنها کاری که می‌توانم انجام دهم این اسـت که تجربه شـخصی خود را با شـما در میان بگذارم، ولی در هر صورت تصمیم‌گیری به عهده شماست.

ممکن است شما نیز بخواهید همراه من دعا کنید: «عیسای مسیح، من به تو نیاز دارم. سپاسـگزارم که جان خود را در راه گناهان من فدا کردی. گناهـان مرا بیامرز و مرا ببخش. مـن تو را به‌عنوان خداوند و نجات‌دهندهٔ خود می‌پذیرم و می‌خواهم که از من فردی بسازی که خود می‌خواهی. در نام عیسای مسیح طلبیدم. آمین»

کتابنامه

NOTES ON CHAPTER 1

1. A. H. Strong, Systematic Theology. (Philadelphia: Judson Press, 1907), Vol. 1, p. 52.

2. Archibald Thomas Robertson, Word pictures in the New Testament (Nashville: Broadman Press, 1932), Vol. 5, p. 186.

3. Leon Morris, "The Gospel according to John", The New International Commentary on The New Testament (Grand Rapids: William B. Eerdmans Publishing Co. 1971), p. 524.

4. Charles F. Pfeiffer, and Everett F. Harrison (Eds.), The Wycliffe Bible Commentary (Chicago: Moody Press, 1962), pp. 943, 944.

5. Lewis Sperry Chafer, Systematic Theology (Dallas Theological Seminary Press, 1947, Vol. 5), p. 21.

6. Robert Anderson, The Lord from Heaven (London: James Nisbet and Co., Ltd., 1910), P. 5.

7. Henry Barclay Swete, The Gospel According to St. Mark (London: Macmillan and Co., Ltd., 1898), P. 339.

8. Irwin H. Linton, The Sanhedrin Verdict (New York: Loizeaux Brothers, Bible Truth Depot, 1943), P. 7.

9. Charles Edmund Deland, The Mis–Trials of Jesus (Boston: Richard G. Badger, 1914), pp. 118–119.

NOTES ON CHAPTER 2

1. C. S. Lewis, Mere Christianity (New York: The MacMillan Company, 1960), pp. 40–41.

2. F. J. A. Hort, Way, Truth, and the Life (New York: MacMillan and Co., 1894), P. 207.

3. Kenneth Scott Latourette, A History of Christianity (New York: Harper and Row, 1953), pp. 44, 48.

4. William E. Lecky, History of European Morals from Augustus to Charlemagne (New York: D. Appleton and Co., 1903), Vol. 2, pp. 8, 9.

5. Philip Schaff, History of the Christian Church (Grand Rapids: William B. Eerdmans Publishing Co., 1962). (Reprint from original 1910), p. 109.

6. Philip Schaff, The Person of Christ (New York: American Tract Society, 1913), pp. 94–95; p. 97.

7. Arthur P. Noyes, and Lawrence C. Kolb, Modern Clinical Psychiatry (Philadelphia: Saunders, 1958). (5th ed.)

8. Clark H. Pinnock, Set Forth Your Case (New Jersey: The Craig Press, 1967), p. 62.

9. J. T. Fisher, and L. S. Hawley, A Few Buttons Missing (Philadelphia: Lippincott, 1951), p. 273.

10. C. S. Lewis, Miracles: A Preliminary Study (New York: The MacMillan Company, 1947), p. 113.

NOTES ON CHAPTER 3

1. The New Encyclopedia Britannica, Micropaedia Vol. VIII, p. 985.

2. James B. Conant, Science and Common Sense (New Haven: Yale University Press, 1951), p. 25.

NOTES ON CHAPTER 4

1. Millar Burrows, What Mean These Stones. (New York: Meridian Books, 1956), p. 52.

2. William F. Albright, Discoveries in Bible Lands. (New York: Funk and Wagnalls, 1955), p. 136.

3. William F. Albright, Christianity Today, Vol. 7, Jan. 18, 1963 p. 3.

4. Sir William Ramsay, The Bearing of Recent Discovery on the Trustworthiness of the New Testament. (London: Hodder and Stoughton, 1915), p. 222.

5. John A. T. Robinson, Redating the New Testament (London: SCM Press, 1976).

6. Simon Kistenmaker, The Gospels in Current Study. (Grand Rapids: Baker Book House, 1972), pp. 48–49.

7. A. H. McNeile, An Introduction to the Study of the New Testament. (London: Oxford University Press, 1953), p. 54.

8. Paul L. Maier, First Easter: The True and Unfamiliar Story. (New York: Harper and Row, 1973), p. 122.

9. William F. Albright, From the Stone Age to Christianity (second edition). (Baltimore: John Hopkins Press, 1946), pp. 297–298.

10. C. Sanders, Introduction to Research in English Literary History. (New York: MacMillan Company, 1952), pp. 143 ff..

11. F. F. Bruce, The New Testament Documents: Are They Reliable? (Downers Grove, Ill. 60515: Inter Varsity Press, 1964), pp. 16 f.; p. 33.

12. Sir Fredric Kenyon, The Bible and Archaeology. (New York: Harper and Row, 1940), pp. 288–289.

13. J. Harold Greenlee, Introduction to the New Testament Textual Criticism (Grand Rapids: William B. Eerdmans Publishing Company, 1964), p. 16.

14. John Warwick Montgomery, History and Christianity (Downers Grove. Ill.: Inter Varsity Press, 1971), p. 29.

15. Louis R. Gottschalk, Understanding History (New York: Knopf, 1969, 2nd ed), p. 150; p. 161; p. 168.

16. Lawrence J. McGinley, Form Criticism of the Synoptic Healing Narratives (Woodstock, Maryland: Woodstock College Press, 1944), p. 25.

17. Robert Grant, Historical Introduction to the New Testament (New York: Harper and Row, 1963), p. 302.

18. Will Durant, Caesar and Christ, in the Story of Civilization, Vol. 3. (New York: Simon & Schuster, 1944), P. 557.

19. Eusebius. Ecclesiastical History, Book 3, Chapter 39.

20. Irenaeus. Against Heresies. 3.1.1.

21. Joseph Free, Archaeology and Bible History (Wheaton, Ill: Scripture Press, 1969), p. 1.

22. F. F. Bruce, "Archaeological Confirmation of the New Testament", in Revelation and the Bible. Edited by Carl Henry. (Grand Rapids: Baker Book House, 1969), p. 331.

23. A. N. Sherwin–White, Roman Society and Roman Law in the New Testament (Oxford: Clarendon Press, 1963), p. 189.

24. Clark Pinnock, Set Forth Your Case (New Jersey: The Craig Press, 1968), p. 58.

NOTES ON CHAPTER 5

1. Michael Green, "Editor's Preface" In George Eldon Ladd, I Believe in the Resurrection of Jesus (Grand Rapids: William B. Eerdmans Publishing Co., 1975).

2. Robert W. Gleason (Ed.), The Essential Pascal, Trans. By G. F. Pullen (New York: Mentor–Omega Books, 1966), p. 187.

3. Michael Green, Man Alive! (Downers Grove, Ill.: Inter Varsity Press, 1968), pp. 23–24.

4. Kenneth Scott Latourette, A History of Christianity (New York: Harper and Brothers Publisher, 1937) Vol. I, p. 59.

5. Paul Little, Know Why You Believe (Wheaton, Ill: Scripture Press Publications, Inc., 1971), p. 63.

6. Herbert B. Workman, The Martyrs of the Early Church (London: Charles H. Kelly, 1913), pp. 18–19.

7. Harold Mattingly, Roman Imperial Civilization (London: Edward Arnold Publishers, Ltd., 1967), p. 226.

8. Gaston Foote, The Transformation of the Twelve (Nashville: Abingdon Press, 1958), p. 12.

9. Simon Greenleaf, An Examination of the Testimony of the Four Evangelists by the Rules of Evidence Administered in the Courts of Justice (Grand Rapids: Baker Book House, 1965. Reprint of 1874 edition. New York: J. Cockroft and Co.), p. 29.

NOTES ON CHAPTER 6

1. Encyclopedia International, 1972, Vol. 4, p. 407.

2. Ernest Findlay Scott, Kingdom and the Messiah (Edinburgh: T. & T. Clark, 1911), p. 55.

3. Joseph Klausner, The Messianic Idea in Israel (New York: The MacMillan Co., 1955), p. 23.

4. Jacob Gartenhaus, "The Jewish Conception of the Messiah," Christianity Today, March 13, 1970, pp. 8–10.

5. The Jewish Encyclopedia (New York: Funk and Wagnalls Co., 1906), Vol. 8, p. 508.

6. Millar Burrows, More Light on the Dead Sea Scrolls (London: Secker & Warburg, 1958), p. 68.

7. A. B. Bruce, The Training of the Twelve (original 1894) (Grand Rapids: Kregel Publications, 1971), p. 177.

8. Alfred Edersheim, Sketches of Jewish Social Life in the Days of Christ (reprint edition; Grand Rapids: William B. Eerdmans Publishing Co., 1960), p. 29.

9. George Eldon Ladd, I Believe in the Resurrection of Jesus (Grand Rapids: William B. Eerdmans Publishing Co., 1975), p. 38.

NOTES ON CHAPTER 7

1. The Encyclopedia Britannica, William Benton, Publisher. (Chicago: Encyclopedia Britannica, Inc., 1970), Vol. 17, (a) p. 469; (b) p. 476; (c) p. 473; (d) p. 469.

2. Jacques Dupont, "The Conversion of Paul, and its Influence on his Understanding of Salvation by Faith," Apostolic History and the Gospel. Edited by W. Ward Gasque and Ralph P. Martin (Grand Rapids: Wm. B. Eerdmans Publishing Co., 1970), p. 177; p. 76.

3. Kenneth Scott Latourette, A History of Christianity (New York: Harper & Row, 1953), p. 76.

4. W. J. Sparrow–Simpson, The Resurrection and the Christian Faith (Grand Rapids: Zondervan Publishing House, 1968), pp. 185–186.

5. Phillip Schaff, History of the Christian Church, Vol. 1. Apostolic Christianity, A.D. 1–100 (Grand Rapids: Wm. B. Eerdmans Publishing Co., 1910), p. 296.

6. Chamber's Encyclopedia (London: Pergamon Press, 1966), Vol. 10, p.516.

7. Phillip Schaff, History of the Apostolic Church (New York: Charles Scribner, 1857), p. 340.

8. George Lyttleton, The Conversion of St. Paul (New York: American Tract Society, 1929), p. 467.

NOTES ON CHAPTER 8

1. John 19: 39,40.

2. Matthew 27: 60.

3. Mark 16: 4.

4. George Currie, The Military Discipline of the Romans from the Founding of the City to the Close of the Republic. An abstract of a thesis published under the auspices of the Graduate Council of Indiana University, 1928, pp. 41–43.

5. A. T. Robertson, Word Pictures in the New Testament (New York: R. R. Smith, Inc., 1931), p. 239.

6. Acts 1: 3.

7. 1 Corinthians 15: 3–8.

8. Arthur Michael Ramsey, God, Christ and the World (London: SCM Press, 1969), pp. 78–80.

9. Paul Althaus, Die Wahrheit des kirchlichen Osterglaubens (Gutersloh: C. Bertelsmann, 1941), pp. 22, 25ff.

10. Independent, Press–Telegram, Long Beach, Calif., Saturday, April 21, 1973, p. A–10.

11. Josh McDowell, Evidence That Demands a Verdict (San Bernardino, Calif: Campus Crusade for Christ International, 1973), p. 231.

12. David Fredrick Strauss, The Life of Jesus for the People (London: Williams and Norgate, 1879, 2nd ed.), Vol. 1, p. 412.

13. Matthew 28: 1–15.

14. J. N. D. Anderson, Christianity: The Witness of History, copyright Tyndale Press, 1970. Used by permission of InterVarsity Press, Downers Grove, Ill., p. 92.

15. John Warwick Montgomery, History and Christianity (Downers Grove, Ill.: InterVarsity Press, 1972), P. 78.

16. Thomas Arnold, Christian Life–Its Hopes, Its Fears, and Its Close (London: T. Fellowes, 1859,6th ed.), p. 324.

17. Paul E. Little, Know Why You Believe (Wheaton: Scripture Press Publications, Inc., 1967), p. 70.

18. Simon Greenleaf, An Examination of the Testimony of the Four Evangelists by the Rules of Evidence Administered in the Courts of Justice (Grand Rapids: Baker Book House, 1965. Reprint of 1874 edition. New York: J. Cockroft and Co., 1874), p. 29.

19. Frank Morison, Who Moved the Stone? (London: Faber and Faber, 1930).

20. George Eldon Ladd , I Believe in the Resurrection of Jesus (Grand Rapids: William B. Eerdmans Publishing Co., 1975), p. 141.

21. 1 Corinthians 15: 3.

22. 1 Corinthians 15: 19–26.

23. John 10: 10; 2 Corinthains 5: 17.

24. Michael Green, Man Alive (Downers Grove, Ill.: InterVarsity Press, 1968), p. 54.

NOTES ON CHAPTER 9

1. Genesis 12: 17; 22.

2. Genesis 17; 21.

3. Genesis 28; 35: 10–12; Numbers 24: 17.

4. Isaiah 11: 1–5.

5. Psalm 22: 6–18; Zechariah 12: 10; compare Galatians 3: 13.

6. Isaiah 8: 14; 28: 16; 49: 6; 50: 6; 52: 53; 60: 3; Psalm 22: 7, 8; 118: 22.

7. Zechariah 11: 11–13; Psalm 41; compare Jeremiah 32: 6–15 and Matthew 27: 3–10.

8. Psalm 118: 26; Daniel 9: 26; Zechariah 11: 13; Haggai 2: 7–9. For a more complete discussion of the Daniel 9 prophecy, see pp. 178–181 of my book Evidence That Demands a Verdict.

9. Peter W. Stoner, and Robert C. Newman, Science Speaks (Chicago: Moody Press, 1976), pp. 106–112.

10. Ezekiel 36: 25–27; 2 Corinthians 5: 17.